中国古典文化大系

曾子·子思子 译注

杨秀礼 译注

上海三联书店

目 录

前　言……………………………………………1

曾　子

内　篇

仲尼闲居第一……………………………… 3
明明德第二………………………………… 23

外　篇

养老第三…………………………………… 42
周礼第四…………………………………… 64
有子问第五………………………………… 77
丧服第六…………………………………… 92
晋楚第九…………………………………… 106

守业第十 …………………………………………………… 118

三省第十一 …………………………………………………… 138

忠恕第十二 …………………………………………………… 148

子思子

内 篇

天命第一 …………………………………………………… 163

鸢鱼第二 …………………………………………………… 171

诚明第三 …………………………………………………… 187

外 篇

无忧第四 …………………………………………………… 203

胡母豹第五 …………………………………………………… 213

丧服第六 …………………………………………………… 223

鲁缪公第七 …………………………………………………… 232

任贤第八 …………………………………………………… 249

过齐第九 …………………………………………………… 264

前　言

　　孔孟思想对中华民族性格的形成发挥着无可替代的重要作用，在某种程度上代表了其积极进取的一面，自古以来，就被不断的参习研究。孔子（前551～前479）生活于春秋时期，而孟子（前372～前289）则生活于战国时期，两者的生活年代前后相距100多年，他们之间的思想是如何得以接续传承的？据《韩非子·显学》说，自孔子死后，有子张之儒，有子思之儒，有颜氏之儒，有孟氏之儒，有漆雕氏之儒，有仲梁氏之儒，有孙氏之儒，有乐正氏之儒，号为儒家八派。而在孔孟之间起着关键作用的两个人物，则是作为孔子弟子的"宗圣"曾子和作为孔子嫡孙的"述圣"子思，他们和孔子（圣人）、孟子（亚圣）、颜回（复圣）共同被尊奉为中国思想史上的五大圣人。现在摆在我们面前的就是宋代汪晫辑录，托名为曾子和子思的著作《曾子》和《子思子》。

　　曾子之父为曾点（曾晳），孔门七十二贤人之一。曾子投师孔门，但最初所获评价并不高，在《论语·先进》中得了个"参也鲁"的评价。他后来能成为孔门著名弟子，与他特别注意自身修养，即"吾日三省吾身"，并且勤学好问有密切关系。

曾子思想自成体系，最大的特点在于强调践履性，他将先秦儒家的修身、齐家、治国、平天下思想进行了总结和升华，并予以践行，表现出不苟同权贵的君子品格。而奠定曾子历史地位的，则莫过于其发展出的传统孝道学说和强调自省的修齐方法。

1. 孝本思想。孝是孔子教育弟子的重要道德观念，经由曾子的润饰、加工，进而自成一系，曾子不仅被塑造成为中国古代最著名的孝子，也成为中国古代最大的孝道理论家。其《孝经》成为阐述孝道最详尽、最有系统的著述，被称为"百行之宗，五教之要"（《孝经注疏序》）。首先，"孝"是"德之本"，"教所由生"。曾子明确地提出了"夫孝，始于事亲，中于事君，终于立身"的孝义三段论，而由于人的身份地位不同，其所承担的孝道责任义务也有所不同。其次，提出了"明王之以孝治天下"的治国思路，使得"孝道"与政治的关系更为趋紧。由"孝"而始，"忠可移于君""顺可移于长""治可移于官"；以孝化民，"慎终追远，民德归厚"，孝道对于移风易俗可以起到潜移默化的作用，而伦理道德的教育就是政治，实现道德的政治化、政治的道德化，是其道德与政治合而为一的最高境界。曾子对于孝道的践行更是多有强调。孝道主要是一种伦理学说，但曾子讲求孝道的实行，把身体力行作为行孝的一般原则。例如在保全父母所遗身体方面，曾子不止在一个场合强调，保护自己身体不轻易受到毁伤是孝道的重要体现。

2. 内省思仁。重视仁学、内省是曾子学说的另一个特点。就此而言，孔子将之概括为"内省思仁"的道德修养方法。曾子曾说："吾日三省吾身：为人谋而不忠乎？与朋友交而不信乎？传不习乎？"通过深入持久的内在反省，曾子确立了以落实仁学为己任的担当精神，培养了一种博大、深沉、坚毅的人格，也即孟子所说的"至大至刚"的"浩然之气"。同样，曾子将孔子一以贯之之道概括为"忠恕"。仁不应当只是一种感情，还应当是以巨大的精神力量为驱动的自觉、不懈行动。通过仁的精神力量支撑，体认仁的深蕴，便可确立起高尚的社会责任感、充满献身精神的道德境界，"可以托六尺之孤，可以寄百里之命，临大节而不可夺也。"这是一种经过长期内在涵养而形成的坚毅与果敢。这造就了曾子不苟同权贵的品格，也能解释曾子辞高官于楚国，辞采邑于鲁国的文化性格。

子思，即孔伋，字子思，孔子嫡孙，孔鲤之子，春秋战国时期著名的思想家。其生平事迹史籍有阙，只能略说，大体可分三个阶段：随孔子及其弟子读书的少年时期；周游列国的成年时期；讲学著书立说的老年时期。子思的思想，为人所知和推崇的，主要有"致中和"和"诚"两方面。

1. 致中和。子思作为战国时期儒家的重要代表，是一个具有强烈个性色彩的文人，以德才傲世独立，高物不屈，伸张了独立人格，似乎有点偏执。但子思对后世产生的较大影响，则主要是他的中庸思想，这似乎有点吊诡。他以"中庸"作为最高的行为和自然法则，讲述天道和人道的关系，把"中庸"从"执两用中"的方法论提到了世界观的高度。

在此基础上，子思又将"中庸"升华为德教，提出"修道之谓教"，"教"是实现中和之道的根本途径。他认为，应把礼法规范系统化，把伦理制度权威化，成为一种人人必须遵守而不能有所违犯的普遍社会制约，人只有在这种社会制约和教化中，才能达到中与和的对立统一。这是一个人承受社会制约和教化的过程，同时也是一个致和格物、修身正心的过程，即孔子所谓"克己复礼为仁"的自我完善过程。

2. 至诚之道。"诚"在孔子学说中是个人的一种品质，属于伦理学范畴，子思将之发展为重要的哲学观念。"诚"是子思学派思想体系的最高范畴，也是其学派的道德准则。子思提出了至诚观念，即最高的真实。从天人合一的理念出发，将性规定为天之道——诚——的自觉，说"自诚明谓之性"，这样就合乎逻辑地提出天下之至诚就是个体无限地发挥自己的本性，即所谓"能尽其性"。这主要包括三方面的内容：尽己之性（自我意识）、尽人之性和尽物之性（自我实现）。"尽其性"是至诚的根本，完善外部世界的精神状态，是天人合一、万物一体的精神境界。而从实践的层面来说，个人只有依靠众人的觉悟，只有在理想的社会关系基础上才能完善外部世界，因此尽己之性，必须同尽人之性相结合。子思提出的"诚"，在思想史上具有重要意义。

它将儒家伦理思想扩大化，趋向宗教性。

本书以上海古籍出版社1990年出版的"诸子百家丛书"中汪晫辑录的《曾子全书》和《子思子全书》为底本，并参考其他现存先秦两汉古籍。注释、译文参考了陈桐生老师的《曾子·子思子》（中华书局，2009版）。对杨伯峻、黄怀信、程俊英、王瑛、吕友仁等先生的成果也多有借鉴，在此深表感谢。

为了理解和注释的方便，本书对孔子及其相关人物称谓在人物语言中出现时的翻译，多数情况下并未避其名讳，读起来可能会比较突兀，亦望读者谅解。

由于作者学力不够，甄别工作完成得不尽如人意，译注中难免失误，亟盼专家学者和广大读者不吝赐教。

杨秀礼
2013年8月

曾

子

内 篇

仲尼闲居第一

仲尼闲居，曾子侍坐①。子曰："参，先王有至德要道以顺天下，民用和睦，上下无怨，女知之乎②？"曾子避席曰③："参不敏，何足以知之④。"子曰："夫孝，德之本也，教之所由生也。复坐，吾语女⑤：身体发肤，受之父母，不敢毁伤，孝之始也；立身行道，扬名于后世，以显父母，孝之终也⑥。夫孝，始于事亲，中于事君，终于立身⑦。爱亲者不敢恶于人，敬亲者不敢慢于人⑧。爱敬尽于事亲，而德教加于百姓，刑于四海，盖天子之孝也⑨。在上不骄，高而不危，制节谨度，满而不溢⑩。高而不危，所以长守贵也；满而不溢，所以长守富也⑪。富贵不离其身，然后能保其社稷而和其民人，盖诸侯之孝也⑫。非先王之法服不敢服，非先王之法言不敢道，非先王之德行不敢行⑬。是故非法不言，非道不行。口无择言，身无择行。言满天下无口过；行满天下无怨恶⑭。三者备矣，然后能守其宗庙，盖卿大夫之孝也。资于事父以事母，而爱同；资于事父以事君，而敬同；故母取其爱而君取其敬⑮。兼之者父也，故以孝事君则忠，以敬事长则顺⑯。忠顺不失，以事其上，然后能保其爵禄而守其祭祀，盖士之孝也。用天之道，因地之利，谨身节用，以养父母，此庶人之孝也。故自天子以下至于庶人，孝无终始，而患不及者，未之有也。"

注释

①仲尼：儒家学派鼻祖孔子的字。"仲"是我国传统排行老二的称呼。尼，指尼丘山，孔子得名于其故乡的尼丘山，故名丘，字尼。闲居：闲待在家。侍坐：陪奉师长坐着。

②先王：先代的圣贤帝王。至德：至善至美的品行和道德。要道：至关重要的道理。顺：使动用法，使顺从；也有认为通"训"，为教化、教导之义。用：因此。上下：指社会地位的尊卑高低，泛指社会各阶层。

③避席：亦作"辟席"，为了表示对别人的尊敬和自己的谦逊而离开坐席。

④不敏：即愚笨、鲁钝的意思，自谦之辞。

⑤复坐：孔子让曾参回到自己的席位上去。语yù：动词，告诉。

⑥立身：指在事业上有所建树，有所成就。行道：指按照天道行事。

⑦始、中、终：有两种解释，一说指孝行的初始、中级、高级阶段；一说指幼年、中年、老年三个年龄阶段。

⑧亲：双亲。恶：交恶。慢：怠慢。

⑨尽：竭尽全力。刑：同"型"，范型，此处用作动词，树立典范。

⑩制节谨度：制立节限，谨守法度。

⑪危：倾危。贵：指政治地位高。富：指钱财多。

⑫社：土地神。稷：代指粮食谷物。土地与谷物是国家的根本，后遂以"社稷"代称国家。

⑬法服：按照礼法制定的服装。法言：合乎礼法的言论。德行：合乎道德规范的行为。

⑭无择：无需选择，即说的话及做的事都很正确。

⑮资：取。爱同：亲近敬爱之心相同。

⑯兼之者父也：意谓事父兼爱与敬。

译文

　　孔子在家闲居，曾参陪坐。孔子问道："曾参，先代的圣帝贤王，有一种至为高尚的品行，至为重要的道德，可以使天下民心和顺，民众由此和睦融洽，上上下下没有怨心。你知道吗？"曾参忙起身离席，答道："我天性不聪敏，哪里能知道呢？"孔子说："那就是孝，它是一切德行的根本，王道教化就是由孝行产生出来的。你回到原位去，我告诉你：人的身体、四肢、毛发、皮肤，都是受之于父母，因此不敢使它们有所损坏伤残，这是孝的起点。建功立业，遵循天道，扬名于后世，使父母荣耀显赫，这是孝的终点。行孝之道，开始时是侍奉父母，中间的阶段是以侍奉父母之道效忠君主，最终则要以孝立身，扬名显亲。爱父母的人不敢交恶他人，敬父母的人不敢侮慢他人。先将爱敬之心尽力侍奉父母，再把这种德教施加给天下百姓，为他们做出典范，这便是天子之孝了。身居尊上之位而不骄傲，那么即使处于高位也不会有倾覆的危险，制定行为节限，谨守法度，尽管财富充裕也不僭礼奢侈。处于高位而不会有倾覆的危险，因而能长久保持尊崇，财富充裕也不越礼奢侈，因而能长久持有财富。富贵如能不远离自己，那么就保住社稷之神，民众和谐，这就是诸侯的孝道。不是先王礼法规定的服饰就不敢穿，不合乎先王礼法的话就不敢说，不合乎先王规定的德行就不敢践行。因此不合礼法的话不说，不合道德的事不做。由于言行都能自然而然地遵守礼法道德，那么开口说话无须斟字酌句、选择言辞，行为举止无须考虑应该做什么、不该做什么。言论散布满天下，也不会因言语而有所过失；各种行为满天下，而不会招致社会怨恶。在服饰、言语、行为三方面都合乎礼法，然后就能守住宗庙，这就是卿大夫的孝道。用侍奉父亲的心来侍奉母亲，则爱父与爱母之心相同；用侍奉父亲的心来侍奉君主，则敬父亲之心与敬君主之心相同。因而对待母亲取其爱心，对待君主取其敬心，而对待父亲则兼取爱与敬之心。所以，以侍奉父亲的孝心来侍奉君主，就能做到忠诚；以侍奉兄长的敬心来侍奉师长，就能做到顺从。一个不失忠顺之心的人侍奉君主，这样就可以不失其道，以此来侍奉君主和师长，保住爵位俸禄，守住祭祀，这就是士人的孝道。遵照自然规律，因循土地所产之物利，谨慎修持身心，节约用度，来奉养父母，这就是普通人的孝道。因此，从天子往下一直到普通人，都要遵循孝道，孝道是没有起点，也没有终点的，如果有人担心自己做不来，其实是根本不会有的。"

子曰："君子之教以孝也，非家至而日见之也①。教以孝，所以敬天下之为人父者也。教以悌，所以敬天下之为人兄者也②。教以臣，所以敬天下之为人君者也。《诗》云：'恺悌君子，民之父母③。'非至德，其孰能顺民如此其大者乎？"

注释

①家至而日见：家家户户都走到，天天都见面，不厌其烦地以话语教人行孝。
②悌 tì：敬重并服从自己的兄长。
③恺 kǎi 悌：和乐平易。

译文

孔子说："君子以孝道教化，并不是要家家户户都走到，也不是天天当面教育民众要尽力于孝道。以孝道教化人民，是用来敬重天下父亲的；以悌道教化人民，是用来敬重天下兄长的；以臣道教化人民，是用来敬重天下人君的。《诗经·大雅·泂酌》说：'和乐平易的君子啊，您是人民的父母。'如果没有至高无上的德行，有谁能够教化民心，以达到如此伟大的境界呀？"

子曰："教民亲爱，莫善于孝；教民礼顺，莫善于悌；移风易俗，莫善于乐；安上治民，莫善于礼①。礼者，敬而已矣。敬其父则子悦，敬其兄则弟悦，敬其君则臣悦，敬一人而千万人悦②。所敬者寡而悦者众，此之谓要道。"

注释

①安上治民：安、治为使动用法，意为使君上安定，民众治平。
②一人：指父、兄、君，即受敬之人。千万人：指子、弟、臣。千万为举其大数。

译文

孔子说："教育民众相亲相爱，没有好于孝道的；教育民众知礼顺从，没有好于悌道的；改变旧习俗，树立新风尚，没有好于音乐教化的；国安民治的方法，没有好于践履礼教的。礼教，就根本而言，仅一'敬'字就可以概括。敬重别人的父亲，则其子自然会高兴；敬重别人的兄长,则其弟自然会喜悦;敬重他国的君主,那么其国的臣子自然也会高兴,这说的就是敬重一个人,千万人都会感到喜悦。敬重的虽然是少数人,但感到喜悦的却是多数人,这就是称孝道为要道的原因。"

曾子曰:"甚哉!孝之大也。"子曰:"夫孝,天之经,地之义,而民之行①。天地之经,而民是则之②。则天之明,因地之义,以顺天下③。是以其教不肃而成,其政不严而治④。"

注释

①经:永恒不变的道理和规律。地之义:土地养育万物。义,也作"宜",利物为义。
②是:由此,因此。则:法则,效法。
③天之明:天上的日月星辰等。
④肃、严:严酷的统治管理方法。成:成功,达到目标。治:治平,天下太平。

译文

曾子说:"这个孝道真是博大啊!"孔子说:"孝道,犹如天地的运行规律,是人民百姓的行为准则。天地运行表现出它的规律,而人民百姓则以此为准则。他们效法天上的日月星辰,因顺地上的义物,以此和顺天下国家。所以教化所运用的手段不严酷而自然成功,为政不需威严的政治方法而自然让国家太平。"

  子曰:"昔者明王之以孝治天下也,不敢遗小国之臣,而况于公、侯、伯、子、男乎①?故得万国之欢心以事其先王。治国者不敢侮于鳏寡,而况于士民乎②?故得百姓之欢心以事其先君。治家者不敢失于臣妾,而况于妻子乎③?故得人之欢心以事其亲。夫然,故生则亲安之,祭则鬼享之,是以天下和平,灾害不生,祸乱不作。故明王之以孝治天下如此。《诗》云:'有觉德行,四国顺之④。'"

注释

①明王:圣明的君王。遗:遗漏。公、侯、伯、子、男:古代五个等级的封爵。
②鳏 guān 寡:无妻或丧妻的男子称为鳏,丧夫的女子称为寡。引申指老弱、孤苦无靠者。
③治家者:卿大夫。家在先秦时期指卿大夫的采邑,即封地。臣妾:古今异义,古义臣为男性奴隶,妾为女性奴隶,合用指地位卑贱者,有别于后世的女子自称。妻子:妻子和子女。
④觉:大。四国:四方各国。

译文

孔子说:"以前,圣明的君主以孝道治理天下,就连弱小之国的臣子都不敢有所疏忽,何况是对待公、侯、伯、子、男这样的诸侯呢?所以圣明君主能获取各路诸侯的欢心,使他们自愿前来助祭先王。诸侯们治理自己的国家时,就连老弱孤苦无靠的人都待之以礼,不敢对他们有所轻慢和欺侮,何况是对待自己国内的士人和百姓呢?所以国内之人都自愿地前来助祭诸侯的先君。卿大夫治理自己的采邑时,连对自己的奴仆都施之以礼,何况是对待自己的妻子儿女们呢?所以卿大夫能够得到自己采邑之人的欢心,让他们自愿前来帮助奉养自己的双亲。如此,当父母在世之时,他们就能安享孝养的幸福生活;逝世之后,他们的灵魂也能安享祭祀。由此天下和平,自然灾害也不会产生,人为祸乱更不会出现。圣明君主以孝道治理天下,出现的情形就是这样的。《诗经·大雅·抑》说:'有直心厚重的德行,四方国家都来顺从。'"

曾子曰:"敢问圣人之德,其无以加于孝乎①?"子曰:"天地之性人为贵,人之行莫大于孝,孝莫大于严父,严父莫大于配天,则周公其人也②。昔者周公郊祀后稷以配天,宗祀文王于明堂以配上帝,是以四海之内各以其职来助祭③。夫圣人之德，又何以加于孝乎？故亲生之膝下，以养父母日严④。圣人因严以教敬，因亲以教爱。圣人之教不肃而成，其政不严而治，其所因者本也。"

注释

①加：使程度增高、增多。

②严：尊敬、尊崇，此处用作使动词，意谓使父亲形象得到尊崇。配天：配，祭祀时在主要祭祀对象之外，附带祭祀其他对象，称为"配祀"或"配享"。据周礼，冬至郊祀祭天时，并附带祭祀父祖先辈，即以父配天之礼。

③郊祀：在都城近郊祭祀天地。后稷：周人始祖。明堂：先秦时天子布政及举行祭祀、朝会、庆赏、选士等典礼的场所。

④亲生之膝下：此句当理解为亲近父母之心，在年幼之时既已生成。亲，指亲近父母之心。膝，下指膝盖之下，指年幼之时。日严：日益使父母获得尊严敬重。

译文

曾子问道："冒昧请教，圣人的德行，难道就没有比孝道更重要的吗？"孔子回答道："天地所生的诸种生灵，其中人最为尊贵，人的各种行为，没有比孝行更重大的，而各种孝行，没有比尊崇父亲更重大的，尊崇父亲则没有比让自己父亲、祖辈享受配天祭祀之礼更重大的，周公就是做到以其父亲、祖辈享受配天祭祀之礼的人啊！从前周公在都城近郊举行祭祀天地之礼的时候，以周人始祖后稷配祀天帝，聚集族众在明堂祭祀上帝时，则以其父亲周文王配祀上帝，而四海之内的各路诸侯均恪修其职守，前来协助举行祭礼。那么圣人的德行，还有什么比孝行更为重要的呢？人亲近敬爱父母之心，在幼儿时期就萌生了，长大之后奉养父母，使父母日益得到尊崇。圣人根据人们尊崇父母的心理，以爱敬之理引导他们。圣人的教化不需要采取严酷的手段就能成功，管理国家不需要威严的政策就自然让天下太平，而这正是因为圣人因顺了孝道这个根本。"

子曰："父子之道，天性也，君臣之义也。父母生之，续莫大焉①。君亲临之，厚莫重焉②。不爱其亲而爱他人者，谓之悖德；不敬其亲而敬他人者，谓之悖礼③。"

注释

①续：代代传续；一作"绩"，义为功绩。

②君亲临之：君为国君，亲为父亲，指父亲对于儿子而言，兼有国君的尊严与人父的亲情。

③悖：违反。

译文

孔子说："父子之间的关系，既体现的是天然本性，又兼具君臣之间的义理关系。父母生下子女，子女则传宗接代，这便是最大的人伦关系。父亲对待自己的子女，既有国君般的尊严，又有作为父亲的亲情，在人伦关系上，没有比这更为深厚的恩德了。不去亲近敬爱自己的父亲，反而去亲近敬爱他人，这可以说是违反道德的；不去尊敬自己的父亲，反而去尊敬他人，这可以说是违反伦理礼仪的。"

子曰："孝子之事亲也，居则致其敬，养则致其乐，病则致其忧，丧则致其哀，祭则致其严①。五者备矣，然后能事亲。事亲者居上不骄，为下不乱，在丑不争②。居上而骄则亡，为下而乱则刑，在丑而争则兵。此三者不除，虽日用三牲之养，犹为不孝也③。"

注释

①居：居家。致：致力于。养：奉养，赡养。严：严肃。
②丑：卑贱之众。
③三牲：牛、羊、猪，古代称之为太牢，为最高级

的祭祀供奉。

译文

孔子说:"孝子侍奉父母:日常居家时,应尽力表现出恭敬的情态;饮食奉养时,则应和颜悦色让父母高兴;父母生病时,应尽力侍奉汤药,表达对父母健康的忧虑关切;父母死丧之后,则应充分表达自己的哀伤之情;进行祭祀时,应极尽敬仰肃穆。具备了这五个方面,然后才算是侍奉父母,尽了孝道。侍奉父母,身居上位而不骄横,身居下位而不作乱,地位低贱,也与人不激愤相争。居上位骄横就会有危亡之险,在下位作乱就会有招致刑罚之险;地位低贱,而与人激愤相争就会导致兵械斗殴。如果不除掉上述三种恶行,即使天天都以牛、羊、猪三牲来奉养父母,也还是不孝之子。"

子曰:"五刑之属三千,而罪莫大于不孝[①]。要君者无上,非圣人者无法,非孝者无亲,此大乱之道也[②]。"

注释

① 五刑:先秦时期指墨、劓(音 yì,意为割鼻)、剕(音 fèi,意为砍脚)、宫(毁坏生殖器)、大辟(死刑斩首)五种肉刑。

②要：要挟。无上：藐视君长。非：诽谤，非议。

译文

孔子说："可以处以墨、劓、剕、宫、大辟这五刑的罪行共有三千条之多，而最大的罪过则没有超过不孝的。武力要挟君主的人，是目无君长；诽谤圣人的人，是目无法纪；非议孝道的人，是目无亲情。无上、无法、无亲乃是社会大乱的根源。"

子曰："君子事上，进思尽忠，退思补过①。将顺其美，匡救其恶，故上下能相亲。《诗》曰：'心乎爱矣，遐不谓矣。中心藏之，何日忘之。'"

注释

①进：朝见。退：退朝回家。

译文

孔子说："君子侍奉主上，进见主上时，则思虑竭尽忠诚；退归私处时，则思虑补正主上过失。对于主上的美德，则顺从并努力践行；对主上的过错，则予以匡正补救，这样主上和臣下就能相互亲敬。《诗经·小雅·隰桑》说：'心里对他的爱恋呀，何不深情对他说呀！心中把他深藏起，哪天对他能忘记？'"

子曰："昔者明王事父孝，故事天明；事母孝，故事地察；长幼顺，故上下治①。天地明察，神明彰矣。故虽天子，必有尊也，言有父也；必有先也，言有兄也。宗庙致敬，不忘亲也；修身慎行，恐辱先也②。宗庙致敬，鬼神著矣。孝弟之至，通于神明，光于四海，无所不通。《诗》云：'自西自东，自南自北，无思不服。'"

注释

①故事天明：故此能够以孝心敬奉天帝。事，意为敬奉。天，意为天帝。明，意为明了。

②宗庙致敬：在宗庙祭祀自己的先人、祖先，表达自己的敬奉之情。

译文

孔子说："从前圣明的君王敬奉其父亲非常孝顺，所以他敬奉天帝时，天帝也能明察；敬奉其母亲非常孝顺，所以他敬奉地神时，地神也能明察；长幼秩序井然，所以上下尊卑得到良好的治理。敬奉天地之神时，能使天地之神明察，那么天地之神就能降临福祉而有所彰显了。所以虽然贵为天子，也必然有其尊敬的人，这些人便是他的父辈；必然有先长于他的人，这些人便是他的兄辈。在宗庙里虔敬举行祭祀，表现了对自己双亲的念念不忘；修持自己的身心，注意自己的行为，表现了自己怕辱没祖先。在宗庙里虔敬举行祭祀，鬼神将归附宗庙护佑后人。孝悌到尽善尽美时，则能接通神明，光耀于四海之内而无所不通。《诗经·大雅·文王有声》说："从西方到东方，从南方到北方，没人不顺服我周邦。'"

子曰："君子之事亲孝，故忠可移于君；事兄弟，故顺可移于长；居家理，故治可移于官①。是以行成于内，而名立于后世矣②。"

注释

①移：移植，转化。弟tì：通"悌"。理：打理，治理。
②内：家庭。

译文

孔子说："君子侍奉自己的双亲非常孝顺，这种孝心能转化为忠于君主；侍奉自己的兄长非常敬悌，这种敬悌之心能转化为顺从于师长；能把家庭打理得井井有条，就可以把这种方法转化为做官的手段。由此，在处理家庭关系事务上能取得成功，那他的好名声将流传于后世。"

子曰:"闺门之内具礼矣乎^①!严父严兄,妻子臣妾,犹百姓徒役也^②。"

注释

①闺门:本指宫中小门,此指家庭内部。具:具备,全备。
②严父严兄:尊敬自己的双亲、兄长,即孝悌。

译文

孔子说:"家门之内,也要具备礼仪。要尊崇自己的双亲、兄长;而对待妻儿奴仆,就如同对待百姓、徒役一样,需要一定的礼节和孝道。"

曾子曰:"若夫慈爱、恭敬、安亲、扬名,参闻命矣^①。敢问从父之令,可谓孝乎?"子曰:"是何言与?是何言与?昔者天子有争臣七人,虽无道,不失其天下;诸侯有争臣五人,虽无道,不失其国;大夫有争臣三人,虽无道,不失其家;士有争友,则身不离于令名;父有争子,则身不陷于不义^②。故当不义,则子不可以弗争于父,臣不可以弗争于君。故当不义则争之。从父之令,又焉得为孝乎?"

注释

①闻命：聆听教诲。

②争 zhèng：通"诤"，直言规劝。令名：好名声。

译文

曾子说："诸如慈爱、恭敬、安亲、扬名等，这些我已经聆听了您的教诲。冒昧请教，顺从父亲的教令，这就可以称作孝顺吗？"孔子回答说"这是什么话？这是什么话？以前天子有善于谏诤之忠臣七位，即使天子无道，也不至于丧失天下；诸侯有善于谏诤之忠臣五位，即使诸侯无道，也不至于丧失国家；卿大夫有善于谏诤之忠臣三位，即使卿大夫无道，也不至于丧失采邑；士人有善于谏诤的友人，他将不会远离好名声；做父亲的有善于谏诤的儿女，就不会身陷不道义之中。所以当父亲、君主身陷不道义之时，作为子女的不可以对父亲无所诤谏，作为臣子的不可以对君主无所诤谏，当遇到父亲、君王身陷不道义的时候，就要谏诤。只知道顺从父亲教令的人，怎么可以称作孝顺呢？"

子曰："孝子之丧亲，哭不偯，礼无容，言不文，服美不安，闻乐不乐，食旨不甘，此哀戚之情也①。三日而食，教民无以死伤生。毁不灭性，此圣人之政②。

丧不过三年，示民有终③。为之棺椁衣衾而举之，陈其簠簋而哀戚之，擗踊哭泣，哀以送之，卜其宅兆而安厝之，为之宗庙以鬼享之，春秋祭祀以时思之④。生事爱敬，死事哀戚，生民之本尽矣，死生之义备矣，孝子之事亲终矣⑤。"

注释

① 偯 yǐ：哭的余声。文：文饰，文采。旨：美味。甘：甘甜，感觉好吃。
② 毁：哀毁身体。性：性命。
③ 终：礼制上的终结。
④ 椁 guǒ：外棺，套在棺材外面的大棺材。衾 qīn：被子，此指尸体入殓时盖尸体的东西。簠 fǔ：古代祭祀和宴飨时盛放黍、稷、粱、稻等饭食的器具。簋 guǐ：中国古代用于盛放煮熟饭食的器皿，也用作礼器，流行于商朝至东周时期。擗 bì：用同"擘"，捶胸。踊：向上蹦。送：出殡，送葬。宅兆：风水术语，指坟墓的四界。厝：通"措"，将棺柩安置到墓穴中。以鬼享之：用鬼礼祭飨。春秋：代指一年四季。
⑤ 生民：人民。本：根本，此处指孝道。

译文

孔子说："孝子丧亡了双亲，痛哭但不拖声拖调，不再讲究礼仪形态，言谈也不追求文采，穿着漂亮的衣服会心感不安，听到音乐也快乐不起来，吃到美味的东西也感觉不到好吃，这都表达了哀伤悲戚的感情。父母丧亡三天后就要进食，这是教育人民不要因为故去之人而伤害了生者的身体。哀毁身体但不能影响孝子的性命，这是圣人的政教。服丧之期不超过三年，这是向人民传达丧事是有终结时间的。为丧亡的双亲准备棺椁、寿衣、寿被以将他们装殓，摆设盛好祭品的簠簋等器物，来寄托哀伤悲戚之情；捶胸顿足，号啕大哭，满怀哀伤之情进行出殡，占卜好他们坟墓的四界以进行安葬，建立宗庙，以鬼礼让他们享祭，按照四季之节气对他们进行祭祀，以寄托自己的哀思。父母健在之时，以敬爱之心奉养他们，父母去世后，以哀伤悲戚之情安排他们的后事，这就是人们尽到孝道的根本，完成了父母生前身后事，孝子侍奉双亲也就算终结了。"

明明德第二

曾子曰："子曰：大学之道，在明明德，在亲民，在止于至善①。知止而后有定，定而后能静，静而后能安，安而后能虑，虑而后能得②。物有本末，事有终始，知所先后，则近道矣。古之欲明明德于天下者，先治其国；欲治其国者，先齐其家；欲齐其家者，先修其身；欲修其身者，先正其心；欲正其心者，先诚其意；欲诚其意者，先致其知；致知在格物③。物格而后知至，知至而后意诚，意诚而后心正，心正而后身修，身修而后家齐，家齐而后国治，国治而后天下平。自天子以至于庶人，壹是皆以修身为本④。其本乱而末治者，否矣。其所厚者薄，而其所薄者厚，未之有也⑤。"

注释

① 大学：与小学相对，指儒家修己教人，治国平天下的学说。明明德：第一个"明"字用作动词，使……彰明；第二个"明"字用作形容词，意为光明。止：到达。
② 定：志向。安：心神安稳。
③ 齐：齐整，整顿。诚其意：心诚意实，忠诚于自己的道德理念。致其知：获得知识。格物：指研

究事物。

④壹：用同"一"，都是。

⑤所厚者：指一己之身。所薄者：指身外的家国天下。

译文

曾子说："孔子讲到：大学的宗旨在于使光明的德性获得发扬光大，在于亲近老百姓，在于达到善的最高境界。知道善的最高境界然后才会有志向，有志向之后才能静下心来，静下心后才能保持安稳，安稳以后才能有所思虑，思虑之后才会有所收获。万物有本有末，万事有始有终，知道万事万物的先后顺序，那么就接近于道了。古代想让光明之德性获得发扬光大的人，先要治理好自己的国家；而要治理好自己的国家，先需修齐好自己的家庭；而要修齐好自己的家庭，则需先修养自己的身体；要修养自己的身体，则先需端正自己的心志；要端正自己的心志，则需先忠诚于道德理念；要忠诚于道德理念，则需先获取足够的知识；要获取足够的知识，则需穷究万物的道理。穷究万物的道理之后，获取的知识就足够了；获取的知识足够了之后，自然就能忠诚于道德理念；能忠诚于道德理念，就能端正自己的心志；能端正自己的心志，就会修养自己的身体；能修养自己的身体，就能修齐自己的家庭；能修齐自己的家庭，就能治理好自己的国家；能治理好自己的国家，那么天下就太平了。从天子到庶人,无一例外都是以修养身心为本,根本的东西败坏了,而其枝节的东西却井然有序,这是不可能的。你所厚待的东西反而疏远你,你所疏远的东西反而厚待你,这样的事情也是没有的。"

曾子曰:"《康诰》曰:'克明德①。'《太甲》曰:'顾諟天之明命②。'《帝典》曰:'克明峻德③。'皆自明也。汤之《盘铭》曰④:'苟日新,日日新,又日新。'《康诰》曰:'作新民。'《诗》曰:'周虽旧邦,其命维新。'是故君子无所不用其极⑤。"

注释

①克:能够。

②顾:顾念,经常注意。諟 shì:同"是"。

③峻:大。

④汤:殷商开国君王,又称商汤。盘铭:浴盘上的铭文。铭,原指刻在金属器物上的文字,后发展为一种文体。

⑤无所不用其极:无不尽力达到至善。

译文

曾子说:"《尚书·康诰》里讲:'能够彰显道德。'《尚书·太甲》讲:'经常注意到上天所赋予的明德使命。'《尚书·帝典》讲:'能够彰明伟大道德。'表达的都是自我彰明的意思。商汤的《盘铭》讲到:'如果能够一天洗浴更新,就应保持天天洗浴更新,新了还要更新。'《尚书·康诰》讲到:'激励人弃旧图新。'《诗经·大雅·文王》讲到:'周朝虽然是旧的国家,但禀受了新的天命。'由此君子无时无处不在除旧更新。"

《诗》云:"邦畿千里,惟民所止①。"《诗》云:"缗蛮黄鸟,止于丘隅②。"子曰:"于止知其所止,可以人而不如鸟乎?"《诗》云:"穆穆文王,於缉熙敬止③。"为人君止于仁,为人臣止于敬,为人子止于孝,为人父止于慈,与国人交止于信。《诗》云:"瞻彼淇澳,菉竹猗猗④。有斐君子,如切如磋,如琢如磨⑤。瑟兮僴兮,赫兮喧兮⑥。有斐君子,终不可谖兮⑦。""如切如磋"者,道学也;"如琢如磨"者,自修也;"瑟兮僴兮"者,恂栗也;"赫兮喧兮"者,威仪也;"有斐君子,终不可谖兮"者,道盛德至善;民之不能忘也⑧。《诗》云:"於戏,前王不忘⑨。"君子贤其贤而亲其亲,小人乐其乐而利其利,此以没世不忘也。

注释

①邦畿jī:指天子之国。畿,国都附近地区。
②缗mián蛮:鸟的叫声。缗,亦作"绵"。

③穆穆：端庄肃穆的样子。於wū：赞叹词。缉：继续。熙：光明。敬止：以诚敬之心安于所止。

④淇澳yù：淇水河湾。菉lù：通"绿"。猗yī猗：生长茂盛。

⑤有斐：文质彬彬。有，虚词，无义。切：剖开。磋：磨平。琢：雕刻。磨：磨光。切、磋、琢、磨，均指打造玉石、加工骨角等工序，此为比喻道德修养。

⑥瑟：严密。僴xiàn：胸怀宽大貌。赫：显赫。喧：显赫。

⑦谖xuān：通"谖"，忘记。

⑧恂xún栗：恐惧战栗，引申为端庄恭敬。

⑨於戏wū hū：感叹词，同"呜呼"。前王：此指周文王、周武王。

译文

《诗经·商颂·玄鸟》说："千里国土真辽阔，百姓居处得平安。"《诗经·小雅·缗蛮》又说："羽毛亮密小黄雀，停在山坡角落间。"孔子说："从了解自己栖息的地方这点来看，难道人还不如鸟吗？"《诗经·大雅·文王》说："文王的风度庄重而恭敬，行事光明正大又谨慎。"做君王的要以仁爱为底线，做臣下的要以敬业为底线，做子女的要以孝顺为底线，做父亲的要以慈爱为底线，与国人进行交往要以诚信为底线。《诗经·卫风·淇澳》

说：" 看那淇水弯弯岸，碧绿竹林片片连。高雅先生是君子，学问切磋更精湛。神态庄重胸怀广，地位显赫很威严。高雅先生真君子，一见难忘记心田。""如切如磋"，是比喻讨论学问；"如琢如磨"，是比喻自我修养；"瑟兮僴兮"，是指端庄恭敬；"赫兮喧兮"，是指仪态显赫光明；"有斐君子，终不可谖兮"，说的是高尚的品德达到至善的境界，因而民众不能忘怀。《诗经·周颂·烈文》说："啊！牢记先王楷模！"君子以先王身边的贤人为称贤的对象，以先王的亲人为亲近的对象，一般人则乐于享受先王提供的安乐，享用先王留下的各种利益，这一点要永远牢记不可忘记。

子曰："听讼，吾犹人也，必也使无讼乎[①]！"无情者不得尽其辞，大畏民志，此谓知本，此谓知之至也[②]。

注释

① 听讼：审理诉讼案件。孔子担任鲁国司寇时，经常审理诉讼案件。
② 无情：不说实情，作伪证。

译文

孔子说："审问犯人，我会站在他人的角度，致力于让他们不再有争讼！"让那些说假话的人不能继续编造谎言，而且深感民众心志可畏，这就是说掌握根本了，也是认知的最高境界。

所谓诚其意者，毋自欺也，如恶恶臭，如好好色，此之谓自慊①。故君子必慎其独也，小人闲居为不善，无所不至，见君子而后厌然掩其不善而著其善②。人之视己，如见其肺肝，然则何益矣。此谓诚于中，形于外，故君子必慎其独也。曾子曰："十目所视，十手所指，其严乎！"富润屋，德润身，心广体胖，故君子必诚其意③。

注释

①恶恶臭：讨厌不好的气味。第一个"恶"，读wù，讨厌。第二个"恶"，读è，不好的，恶劣的。臭xiù，气味。好好色：喜欢美色。第一个"好"，读hào，喜好。第二个"好"，读hǎo，美好的。慊qiè：满足，满意。

②厌然：遮遮掩掩的样子。

③润：装饰。

译文

　　所谓忠诚于自己的道德观念，就是不要自欺，正如讨厌不好的气味，喜欢美色一样真实自然，这才可以叫作心意自足。由此，君子必须谨慎于自己独处之时。小人闲居在家时，心里想着一些不好的事情，而且什么事情都敢干出来。见到正人君子之后，又试图遮掩他们不好的方面，而夸饰他们好的方面。其实人如果能够正视自己，就可以像看自己的肝肺一样看清一切，那么上述小人的作法又有什么必要呢？这就是说诚意虽存于心中，但表现在各种外在行为，所以君子必须谨慎地对待自己独处时的想法和行为。曾子说："十只眼睛在看着，十只手在指着，这足以让人感到畏惧吧！"财富可以装饰房屋，美德可以修养身心，如果心胸宽广，身体自然舒泰安康。所以，君子一定要使自己的道德观念变得真诚。

所谓修身在正其心者，身有所忿懥，则不得其正[1]；有所恐惧，则不得其正；有所好乐，则不得其正；有所忧患，则不得其正。心不在焉，视而不见，听而不闻，食而不知其味，此谓修身在正其心。

注释

[1] 忿懥zhì：愤怒。懥，发怒，愤恨。

译文

　　所谓修养身心在于修正心志，如果身心有愤恨、生气的事，那么心志不能中正；如果内心有感到恐惧的事，心志不能中正；如果心中有所偏好，心志不能中正；如果心中有所忧患，心志不能中正。心志不在这个地方，即使能看到的东西也会视而不见，能听到的东西也会充耳不闻，吃东西也会不解其真味，这说的就是修养身心在于修正心志。

　　所谓齐其家在修其身者，人之其所亲爱而辟焉，之其所贱恶而辟焉，之其所畏敬而辟焉，之其所哀矜而辟焉，之其所傲惰而辟焉①。故好而知其恶，恶而知其美者，天下鲜矣②。故谚有之曰："人莫知其子之恶，莫知其苗之硕③。"此谓身不修不可以齐其家。

注释

① 辟pì：偏颇，偏向。哀矜：同情，怜惜。傲：骄傲。惰：懈怠。
② 鲜xiǎn：少。
③ 硕：大。

译文

　　所谓修齐家庭在于先修养自己身心，是因为人会按照自己的喜爱程度而有所偏好，会按照自己的厌恶程度而有所偏差，会因为自己的敬畏情绪而有所偏向，对自己所同情的人和事会有所偏心，对自己所轻视的事物有所偏见。喜好某些事物，却明了这些事物的缺点；厌恶某些事物，却知道这些事物的优点，这种人真是太少了。所以谚语里说道："人因为溺爱自己的子女就不知道自己子女的缺点，没有人认为自己的庄稼长得丰茂。"这就是说：身心没有修养好便不能将家庭管理好。

　　所谓治国必先齐其家者，其家不可教而能教人者，无之。故君子不出家而成教于国[1]。孝者，所以事君也；弟者，所以事长也；慈者，所以使众也。《康诰》曰："如保赤子[2]。"心诚求之，虽不中，不远矣，未有学养子而后嫁者也[3]。一家仁，一国兴仁；一家让，一国兴让；一人贪戾，一国作乱；其机如此[4]。此谓一言偾事，一人定国[5]。尧舜帅天下以仁而民从之，桀纣帅天下以暴而民从之。其所令反，其所好而民不从。是故君子有诸己，而后求诸人；无诸己，而后非诸人。所藏乎身不恕，而能喻诸人者，未之有也[6]。故治国在齐其家。《诗》云："桃之夭夭，其叶蓁蓁[7]。

之子于归，宜其家人⑧。"宜其家人，而后可以教国人。《诗》云："宜兄宜弟。"宜兄宜弟，而后可以教国人。《诗》云："其仪不忒，正是四国⑨。"其为父子兄弟足法，而后民法之也。此谓治国在齐其家。

注释

①君子：此处指治国者。
②如保赤子：像保护婴儿般保护百姓，为周成王告诫康叔的话。
③中：符合标准。
④机：弩机，引申为关键。
⑤偾 fèn：败坏。
⑥藏：积藏。喻：晓谕。
⑦夭夭：鲜嫩、艳丽的样子。蓁 zhēn 蓁：枝叶茂盛的样子。
⑧之子：那个女子。于归：出嫁。
⑨仪：仪表。忒 tè：差错。

译文

　　所谓治理国家在于先修齐家庭，因为如果连家庭都管教不好，却奢望能管教好其他人，这样的情况是不存在的。所以君子不迈出家门，却能完成对国人的教化。孝顺，是用来侍奉君主的；敬爱兄长，是用来侍奉师长的；慈爱之心，是用来管理民众的。《尚书·康诰》说：

"就如保护婴儿一样保护民众。"如果诚心诚意地追求，即使没能达到目标，但离目标也不会太远，这正如这个世界是不存在先学会生养孩子之后才出嫁的人一样。一家仁爱，会在全国兴起仁爱之风；一家礼让，会在全国兴起礼让之风；一人贪婪暴戾，全国都会犯上作乱；它们之间的机缘关系就是如此。这就是所谓的一句话可以坏事，一个人可以安定国家。尧舜以仁爱做天下表率，天下之人都顺从了他们而有仁爱之心；桀纣以凶暴做天下表率，天下之人都误从了他们而有凶暴之心。统治者的政令违背人民的欲望，他所期望的就老百姓不会听从。所以，君子先要求自己做到，然后要求别人做到；自己没有坏的习性，然后才能批评别人。不采取这种推己及人的宽恕之道，而要让别人晓谕明白，这种情况是不存在的。所以治理国家在于先修齐其家庭。《诗经·周南·桃夭》说："七月的桃树茂盛美如画，浓密的叶子闪闪发光华。花也似的姑娘要出嫁，祝福你全家和睦！"只有先使全家和睦美好，才能教化国人。《诗经·小雅·蓼萧》说："兄弟亲爱和睦。"兄弟亲爱和睦之后，才能教化国人。《诗经·曹风·鸤鸠》说："仪容端庄没有差错，各国有了模范形象。"当君子在家庭内部担当的父子兄弟角色都足以效法之后，民众才跟着效法。这说的就是治理国家在于先修齐自己的家庭。

所谓平天下在治其国者，上老老而民兴孝，上长长而民兴弟，上恤孤而民不倍①。是以君子有絜矩之道也：所恶于上，毋以使下；所恶于下，毋以事上；所恶于前，毋以先后；所恶于后，毋以从前；所恶于右，毋以交于左；所恶于左，毋以交于右；此之谓絜矩之道②。《诗》云："乐只君子，民之父母③。"民之所好，好之；民之所恶，恶之；此之谓民之父母。《诗》云："节彼南山，维石岩岩④。赫赫师尹，民具尔瞻⑤。"有国者不可以不慎，辟则为天下僇矣⑥。《诗》云："殷之未丧师，克配上帝⑦。仪监于殷，峻命不易⑧。"道得众则得国，失众则失国。

注释

①上：指国君或统治者。老老：前一个"老"是动词，意为尊敬；后一个"老"是名词，指老人。长长：前一个"长"是动词，意为敬重；后一个"长"是名词，指兄长。倍：同"背"，违背。

②絜 xié：量物体的周围长度，也泛指衡量。矩：指规矩、法则，即推己及人的宽恕之道。

③乐只：欢乐的样子。只，语气助词，哉。

④节：高大。岩岩：险峻。

⑤赫赫：地位显赫。师尹：太师尹氏。民具尔瞻：

人民都在看着你。

⑥辟：偏私，邪僻。僇：通"戮"，杀戮。

⑦丧师：指失去军队和民众。

⑧仪：即"宜"。监：借鉴。峻：大。

译文

所谓平定天下先在治理其国，统治者能尊敬老者，那么民间也会兴起孝顺之风；统治者能尊敬长者，那么民间也会兴起敬重兄长之风；统治者能体恤孤苦之人，那么民众也不会违背体恤孤苦之人的品德。因此，君子应有推己及人的宽恕之道：厌恶上司对自己的行为，那么对自己的下属也不要使用；讨厌下属对自己的行为，那么在自己面对上司时也不要使用；讨厌前面有人做过的事情，那么自己也不要让后面的人再感觉到；讨厌后面人的某种行为，那么自己就不要让自己前面的人再感受到；右边的人的行为让自己感到讨厌，那自己没必要让左边的人也感受到；左边的人的行为让自己感到讨厌，那就不要让右边的人也感受到；这就是所说的推己及人的宽恕之道。《诗经·小雅·南山有台》说："君子真快乐，人民好父母。"民众喜好的事物，自己也能喜好，民众厌恶的事物，自己也能厌恶，这就可以称作民之父母了。《诗经·小雅·节南山》说："那嵯峨终南山上，巨石高峻而耸立。权势显赫的太师史尹，民众都唯你俩是瞻。"贵为一国之主，不能不慎之又慎，如有偏颇，则会为天下人所抛弃。《诗经·大雅·文王》说："商没有失去民心时，也能与天意相称。应该以殷为借鉴，天命将永不变更。"这个道理就是说获取民心者就能拥有国家，失去民心则会失去国家。

是故君子先慎乎德。有德此有人，有人此有土，有土此有财，有财此有用①。德者，本也；财者，末也。外本内末，争民施夺②。是故财聚则民散，财散则民聚。是故言悖而出者，亦悖而入；货悖而入者，亦悖而出。《康诰》曰："惟命不于常。"道善则得之，不善则失之矣。《楚书》曰："楚国无以为宝，惟善以为宝。"舅犯曰："亡人无以为宝，仁亲以为宝③。"《秦誓》曰："若有一个臣，断断兮无他技④。其心休休焉，其如有容焉⑤。人之有技，若己有之。人之彦圣，其心好之，不啻若自其口出，寔能容之⑥。以能保我子孙黎民，尚亦有利哉！人之有技，媢嫉以恶之⑦。人之彦圣，而违之俾不通，寔不能容⑧。以不能保我子孙黎民，亦曰殆哉。唯仁人放流之，迸诸四夷，不与同中国⑨。"此谓唯仁人为能爱人，能恶人。见贤而不能举，举而不能先命也，见不善而不能退，退而不能远，过也。好人之所恶，恶人之所好，是谓拂人之性，灾必逮夫身⑩。

注释

①此：这样，这么。

②外本内末：轻视根本，重视节末，指主次颠倒。争民：与民争利。施夺：施行劫夺。

③舅犯：指晋文公重耳的舅父子犯。

④断断：笃诚专一。

⑤休休：宽广美善。容：容纳，度量。

⑥彦：有才德。圣：明智。不啻chì：不但。寔shí：同"实"，确实。

⑦媢mào：嫉妒。

⑧俾bì：使。

⑨迸：通"屏"，放逐，摈弃。

⑩拂：违背。

译文

所以君子首先谨慎地修养自己的道德。拥有道德之后才会拥有人心，拥有人心才会保有土地，保有土地之后才会有财富，有财富才能供使用。由此看来，道德是根本，而财富则是末节。如果把根本性的道德当作外在的东西，而把末节性的财富当作内在的决定性因素，那么就会和老百姓争利，而施行劫夺。所以统治者过分聚敛财富，则民心会因此失散；而广散财富则能聚集民心。因此说话不合常理，那么荒谬的思想行为也会返回其自身；通过不当手法聚敛的财物，也最终会不合常理地失去。《尚书·康诰》说："天命是不会始终如一的。"这就是说，国道有善政则会获得天命，没有善政则会失去天命。《国语·楚语下》说："楚国没有什么宝物，只把善政当作宝物。"舅犯说："流亡之人没有什么宝物，只把仁爱亲情当作宝物。"《尚书·秦誓》说："如果有这样一位臣子，诚实专一，而没有其他方面的专长，但心胸宽广，有非常大的肚量，看到别人的特长，就像自己的一样，看到别人比自己能干聪明，心中非常喜欢羡慕，不仅是口头说说而已，这种人是真有度量。任用这样的人能够保护我的子孙后代，对黎民百姓也是有利的。如果别人有专长，自己就嫉妒并且讨厌别人；别人比自己能干聪明，自己就想办法让他不能通达，这是一个不能容纳接受他人的人。任用这样的人，就不能够保护我的子孙黎民，只有危险呀。唯有仁德之君才能流放后一种人，将他们驱逐到四方蛮夷之地，不让他们同住在中原。"也就是说，唯有仁德之君懂得如何去亲近敬爱好人，如何厌恶坏人。见到贤良之人不能举荐，举荐之后不能有所任用，见到不好的行为不能黜退，黜退之后不能远离这些行为，这就是过错了。喜欢一般人所讨厌的，而讨厌一般人所喜欢的，这有违于人的本性，灾祸必将降临到身上。

是故君子有大道，必忠信以得之，骄泰以失之①。生财有大道，生之者众，食之者寡，为之者疾，用之者舒，则财恒足矣②。仁者以财发身，不仁者以身发财。未有上好仁，而下不好义者也；未有好义，其事不终者也；未有府库财非其财者也。孟献子曰："畜马乘不察于鸡豚，伐冰之家不畜牛羊，百乘之家不畜聚敛之臣，与其有聚敛之臣，宁有盗臣③。"此谓国不以利为利，以义为利也。长国家而务财用者，必自小人矣。彼为善之，小人之使为国家，灾害并至。虽有善者，亦无如之何矣。此谓国不以利为利，以义为利也。

注释

①骄泰：骄恣放纵。泰，骄纵。
②为之者疾：指创造财富的速度快。用之者舒：指用钱速度慢。
③伐冰之家：指丧礼时能用冰的卿大夫之家。

译文

所以君子要拥有正确途径，必须依靠忠实诚信来获得，骄奢放纵，便会丧失正确途径。财富的产生有正确途径，从事生产的人多，而消费的人少，生产的速度很快，而消费的速度很慢，那么财货就会永远富足。仁爱之人通过广散义财来修养自身，而不仁之人则不惜损害自己的声誉以广聚钱财。统治者喜欢仁爱，而被统治者不讲求义气，这种情况是不可能有的；而讲求义气的人，做事却有始无终的情况也是不会有的；国库的财富，没有不属于国君的。而孟献子说："畜养车马的士人之家就不应该再去喂鸡养猪；备用凿冰的大夫之家就不应该饲养牛羊；拥有百辆兵车的卿大夫之家，就不应该畜养敛财的家臣，与其有这样的敛财家臣，还不如有位偷盗的家臣。"这说的是国家不能以物质利益为最高利益，而应该以仁义为最高利益。掌管着国家的权力，却还是以聚敛财富为要务者，这必定是小人。而如果君主还是认为这些小人很能干，让他们去管理国家，天灾人祸马上就会一起降临。即使有善于治国之士再重新治理，也无计可施了。所以，国家不能以物质利益为最高利益，而应该以道义为最高利益。

外 篇

养老第三

曾子曰:"孝子之养老也,乐其心,不违其志;乐其耳目,安其寝处,以其饮食终养之,孝子之身终。终身也者,非终父母之身,终其身也。是故父母之所爱亦爱之,父母之所敬亦敬之。至于犬马尽然,而况于人乎?"

译文

曾子说:"孝子奉养年老双亲的办法是:让老人心中感觉到快乐,不违逆老人的想法;让老人耳目也得到放松娱乐,让他们感觉到起居安逸方便,提供饮食来一直奉养他们,直到孝子的生命结束。这里的生命结束,不是指父母的生命,而是指孝子的生命。因此,父母喜欢的东西,自己也喜欢,父母所敬重的东西自己也敬重,这一点连牲畜都能做到,更何况人呢?"

曾子曰:"孝有三:大孝尊亲,其次弗辱,其下能养。"公明仪问于曾子曰:"夫子可以为孝乎?"曾子曰:"是何言与!是何言与!君子之所谓孝者,先意承志,谕父母于道①。参直养者也,安能为孝乎②?"曾子曰:"身也者,父母之遗体也。行父母之遗体,敢不敬乎?居处不庄,非孝也;事君不忠,非孝也;莅官不敬,非孝也;朋友不信,非孝也;战陈无勇,非孝也③。五者不遂,灾及于亲,敢不敬乎④?烹熟膻芗,尝而进之,非孝也,养也⑤。君子之所谓孝也者,国人称愿焉,曰⑥:'幸哉!有子如此。'所谓孝也已。民之本教曰孝,其行曰养。养可能也,敬为难;敬可能也,安为难;安可能也,久为难;久可能也,卒为难。父母既殁,慎行其身,不遗父母恶名,可谓能终矣。仁者,仁此者也;义者,宜此者也;忠者,忠此者也;信者,信此者也;礼者,体此者也;行者,行此者也;强者,强此者也⑦。乐自顺此生,刑自反此作。"

注释

①先意:事先揣摩父母心意。承志:迎合意旨。谕:晓谕。

②直:只不过。

③莅:担任官职。陈:同"阵"。

④遂:达成,成功。

⑤膻芗 xiāng:指美味的食物。膻,有膻味的兽肉。芗,谷香。

⑥愿:本义为谨慎,引申为情愿,榜样。

⑦体：应作"礼"。

译文

　　曾子说："孝道有三个层次：大孝是让父母得到尊敬，其次让父母免于受辱，再次是能养活父母。"公明仪向曾子问道："那老师您可以称得上孝吗？"曾子说："这是什么话？这是什么话？君子所说的孝道，先要揣测父母的想法，再秉承他们的意旨，并能引导父母，使父母明白道理。我自己只是做到了养活父母而已，怎么能称得上是孝呢？"曾子说："人的肉身，是父母遗留给自己的，奉行使用着父母遗留给自己的身体，还敢不充满敬畏吗？平常居处在家而不够庄重，这是不孝；侍奉君主不够忠诚，这是不孝；担任官职不能心怀敬畏，这是不孝；和朋友交往但不能守信用，这是不孝；两军对阵之时不够勇敢，这是不孝。以上五种情形不能做到，灾祸将会降临到自己的父母双亲，如此，还敢不恭敬吗？烹制、煮熟的美味食物，自己尝过之后再进献给父母，这不是孝顺，这是奉养。君子所谓的孝，是要全国民众愿意以他为榜样。民众会感叹道：'真是幸运呀！我们竟然有这样的榜样！'这才是真正的孝道。对于民众最根本的教化是孝顺，而表现出来的是奉养父母，奉养父母是很容易做到的，而内心的恭敬则很难做到；恭敬父母也是容易做到的，而让父母安心是很难做到的；让父母安心是容易做到的，但要长久坚持则是很难做到的；

长久坚持是容易做到的,而父母去世还要继续坚持孝道是很难做到的。父母已经去世,还要谨慎自己的作为,免得给父母留下不好的名声,这可以说是能善始善终了。仁爱,就是指仁爱于孝;义,就是指适宜于孝;忠,就是指忠诚于孝;信,就是指信守于孝;礼,就是指尊礼于孝;行,就是指践行于孝;强,就是指强力于孝。欢乐由顺应孝道而产生,刑罚由违反孝道而产生。"

曾子曰:"夫孝,置之而塞乎天地,溥之而衡乎四海,施诸后世而无朝夕,推而放诸东海而准,推而放诸西海而准,推而放诸南海而准,推而放诸北海而准①。《诗》云:'自西自东,自南自北,无思不服。'此之谓也。"

注释

① 置:竖立起来。塞:充塞。溥 pǔ:同"敷",分布。衡:即"横"。海:边疆之地,此处当指陆地,而非水体。准:作动词,指符合水准。

译文

曾子说:"孝道,如果把它竖放的话,可以充塞天地;如果把它横铺的话,可以充溢四海;把它施行到后世,则能恒久如一,不会有时间的区别,把它推行到东方,可以成为东方的道德准则;把它推行到西方,可以成为西方的道德准则;把它推行到南方,可以成为南方的道德准则;把它推行到北方,可以成为北方的道德准则。《诗经·大雅·文王有声》说:'从西方到东方,从南方到北方,没人不服我周邦。'说的就是这种情况。"

曾子曰:"孝有三:大孝不匮,中孝用劳,小孝用力①。博施备物,可谓不匮矣;尊仁安义,可谓用劳矣;慈爱忘劳,可谓用力矣②。父母爱之,喜而弗忘;父母恶之,劳而无怨;父母有过,谏而不逆;父母既殁,必求仁者之粟以祀之,此之谓礼终③。"

注释

① 匮 kuì:穷尽。
② 博施:广泛施惠。备物:备齐物用。
③ 殁:死。必求仁者之粟以祀之:句意未详,《大戴礼记·曾子大孝》作"以哀祀之"。

译文

曾子说:"孝道有三个层次,最高层次的孝是能做到没有匮乏的发生,中等层次的孝是能建立功劳,最低层次的孝是仅能奉献气力。广泛施惠,备齐物用,这说的是没有匮乏的最高层次的孝;尊崇仁爱之士,安顿义气之士，这说的是建立功劳的中等层次的孝；不辞劳苦地尊老爱幼，这说的是奉献气力的最低层次的孝。父母如果喜爱自己，自己则应满心欢喜并铭记在心；父母如果厌恶自己，自己则应该努力改进，并毫无怨言；父母如果有过错，要进行谏诤但不忤逆父母；父母去世后，一定用最好的食物来进行祭祀，这个就是行孝之礼的最高阶段。"

乐正子春下堂而伤其足，伤瘳，数月不出，犹有忧色①。门弟子曰："夫子之足瘳矣，数月不出，犹有忧色，何也？"乐正子春曰："善如尔之问也，善如尔之问也。吾闻诸曾子，曾子闻诸夫子曰：'天之所生，地之所养，人为大。父母全而生之，子全而归之，可谓孝矣。不亏其体，不辱其亲，可谓全矣。故君子跬步而不敢忘孝也②。'今予忘夫孝之道矣，予是以有忧色。故君子一举足，不敢忘父母；一出言，不敢忘父母。一举足而不敢忘父母，是故道而不径，舟而不游，不敢以先父母之遗体行殆③。一出言而不敢忘父母，是故恶言不出于口，忿言不反于己，然后不辱其身，不羞其亲，可谓孝矣。"

注释

①乐正子春：曾参弟子。乐正为姓氏，源于周代世

袭乐正官，以职官为氏。瘳 chōu：病愈。
②跬 kuǐ 步：半步。
③径：小径，小路。殆：危险。

译文

　　乐正子春从厅堂下来时，伤了自己的脚，伤愈之后，几个月都不敢出门，看上去还面带忧虑。他门下的弟子问道："先生您的脚伤已经好了，还几个月都不出门，看上去面带忧虑。这是为什么？"乐正子春说："你的问题提得太好了，你的问题提得太好了。我曾经从曾子那里听说过，曾子听孔子说：'上天所生育的万事万物，大地所养育的万事万物，以人为最尊贵，父母把孩子完整地生育下来，孩子去世之前就要把身体完整地归还父母，这可以说是孝道了。不亏损自己的身体，不辱没自己的双亲，这可以说是尽善了。所以君子举手投足之间都不敢忘却孝道。'现在我将孝道忘掉了，因此我会面带忧虑。所以君子举手投足之际，就不敢忘记父母，开口出言之际，也不敢忘记父母。举手投足而不敢忘记父母，所以走陆路时要走大路而不走小路，走水路时则应乘舟而不泅渡过水，这是因为不敢以父母遗留给自己的身体去涉险；开口出言之际而不敢忘记父母，所以恶言恶语不说出口，赌气愤恨的话不会发生在自己身上，这样不会让自己的身心受辱，也自然不会辱没自己的父母双亲，可以说尽到孝道了。"

曾子曰："树木以时伐焉，禽兽以时杀焉。夫子曰：'伐一木，杀一兽，不以其时，非孝也。'"

译文

曾子说："树木要按照时令砍伐，禽兽要按照时令宰杀。孔子说：'砍伐树木，宰杀禽兽，不依据时令进行，这个不是讲求孝道的做法。'"

曾子曰："君子立孝，其忠之用，礼之贵。故为人子而不能孝其父者，不敢言人父不能畜其子者；为人弟而不能承其兄者，不敢言人兄不能训其弟者；为人臣而不能事其君者，不敢言人君不能使其臣者也①。故与父言，言畜子；与子言，言孝父；与兄言，言训弟；与弟言，言承兄；与君言，言使臣；与臣言，言事君。君子之孝也，忠爱以敬。反是，乱也。尽力而有礼，庄敬而安之，微谏不倦，听从而不怠，欢欣忠信，咎故不生，可谓孝矣②。尽力无礼，则小人也。致敬而不忠，则不入也③。是故礼以将其力，敬以入其忠，饮食移味，居处温愉，著心于此，济其志也。仲尼曰：'可人也，吾任其过；不可人也，吾辞其罪④。'《诗》云：'有子七人，莫慰母心。'子之辞也。'夙兴夜寐，无忝尔所生⑤。'言不自舍也。不耻其亲，君子之孝也。是故未有君，而忠臣可知者，孝子之谓也；未有长，而顺下可知者，悌弟之谓也；未有治，而能仕可知者，先修之谓也。故曰：孝子善事君，悌弟善事长。君子一孝一悌，可谓知终矣。"

注释

①承：承奉，指体悟、顺从兄长的心意。训：训导。使：使唤、指挥。

②微谏：委婉劝谏。

③不入：得不到父母的认可。

④人：或为"入"字之误，指采纳。

⑤忝：辱。所生：所自生，指父母。

译文

曾子说："君子树立孝道，是为忠君所用，也是为礼制所贵。所以做子女的不能孝顺他们的父亲，就不能批评作为父亲的不畜养其子女；作为弟弟不能承奉他们兄长，就不能批评作为兄长的人不训导弟弟；作为臣子的不能忠事于自己的君主，就不能批评君主没有能力指挥臣下。所以和做父亲的交谈，就说畜养子女的事情；与做子女的交谈，就谈孝顺父亲的事情；和兄长辈交谈，就说训导弟妹的事情；和弟妹们交谈，就说承奉兄长的事情；和君主交谈，就说如何指挥臣下的事情；与做臣子的交谈，就说如何忠心事主的事情。君子的孝道，是兼有对国君的忠诚、对父母的关爱、对长辈的尊敬的，如果不能这样，就要乱套了。竭尽自己的力量，遵守礼节，对父母的态度既庄重又尊敬，让他们得以安享生活，如果父母有过失，则委婉地进行劝谏而不停歇，听从父母的话而不敢稍有懈怠，心情愉悦地践履忠信之道，灾咎自然就不会发生，这可以称为孝道。竭尽全力但不能遵守礼节，那就是小人，对父母看上去很尊敬，但不忠实地去践行，是得不到父母认可的。所以通过礼节来尽力奉养父母，通过发自内心的尊敬让父母认同，父母的饮食要经常更换品种，父母的居处要温馨安乐，用心在这些地方，则能实现自己尽孝的心愿。孔子说：'谏言如果父母听进去了，那么我就要承担相关的责任，如果父母没有听进去，那么我就能免除相关的责任。'《诗经·邶风·凯风》：'儿子纵然有七个，不能宽慰慈母心。'这是子女自责的诗歌。《诗经·小雅·小宛》：'起早贪黑不停歇，不辱父母的英名。'是子女不肯放松自己，不把耻辱带给父母，这是君子的孝道。所以即使君主不在，也能知道谁是忠臣，说的是孝子；官长不在，也能知道谁能顺下，这说的是尊敬自己哥哥的人；还未有治理的实践，就知道谁可以委任官职，这是说能修齐于身家的人。所以说：孝顺父母的人能很好地侍奉君主，尊敬兄长的人能很好地事奉官长。君子做到了孝悌，可以说是知道自己的修养目标了。"

曾子·子思子

单居离问于曾子曰①："事父母有道乎？"曾子曰："有，爱而敬。父母之行若中道则从，若不中道则谏，谏而不用，行之如由己。从而不谏，非孝也；谏而不从，亦非孝也。孝子之谏，达善而不敢争辨②。争辨者，作乱之所由兴也。由己为无咎则宁，由己为贤人则乱。孝子无私乐，父母所忧忧之，父母所乐乐之。孝子唯巧变，故父母安之。若夫坐如尸，立如齐，弗讯不言，言必齐色，此成人之善者也，未得为人子之道也③。"单居离问曰："事兄有道乎？"曾子曰："有，尊事之，以为己望也。兄事之，不遗其言。兄之行若中道，则兄事之；兄之行若不中道，则养之④。养之内不养于外，则是越之也；养之外不养于内，则是疏之也⑤。是故君子内外养之也。"单居离问曰："使弟有道乎？"曾子曰："有，嘉事不失时也。弟之行若中道，则正以使之；弟之行若不中道，则兄事之，诎事兄之道⑥。若不可，然后舍之矣。"

注释

①单居离：曾参弟子。

②达善：把善道传达给父母。

③尸：祭祀时扮演受祭者，此指坐姿端庄。齐：即"斋"，像斋戒时一样肃立。讯：讯问。齐色：

正色。

④养：借为"隐"，遮隐。

⑤越之：宣扬。

⑥诎 qū：委屈。

译文

  单居离问曾子说："侍奉父母有道可循吗？"曾子说："有的，就是关爱而充满尊敬。父母的行为举止如果符合道理，那自己就遵从他们；如果不符合道理，那就对他们进行劝谏；如果劝谏不被采用，那就按照父母的做，就好像是自己想到的一样。父母有不合道理的言行，而不劝谏，是不孝的；劝谏了以后，不顺从父母，也是不孝的。孝子的劝谏，只为追求讲明道理，而不争辩道理。争辩是犯上作乱之风兴起的源头之一。如果子女劝谏父母是为了家庭和睦而没有过错，那就家庭安宁；如果子女劝谏父母是为自己博取贤良的名声，那就乱套了。孝子没有自己的忧乐，父母担忧的自己也担忧，父母高兴的自己也高兴。孝子的心情唯根据父母情绪的变化而随之变化，所以他的父母能安享生活。至于坐的时候非常庄严，站的时候非常恭敬，父母不问则一言不发，说话一本正经，这是一个人成熟的表现，但离作为孝子尚有距离。"单居离问曾子说："侍奉兄长有道可循吗？"曾子说："有的，尊重兄长，并以他们作为自己的榜样。把他们确实当作兄长侍奉，不忘兄长的教导。兄长的行为举止如果符合道理，那自己就遵从他们；如果不符合道理，那就对他们进行遮掩，但如果只在家庭内部遮掩，而在社会上不遮掩，则无异于对外宣扬；在社会上遮掩，而在家庭内部不遮掩，实际上就疏远了自己和兄长的关系。所以君子对自己兄长的过错在各个层面都应遮掩。"

单居离问曾子说："使唤弟妹有道可循吗？"曾子说："有的，好事不要错过时机。如果他们的行为举止符合正道，那自己就按正道使唤他们；如果不符合正道，那就降低自己的身份，承担起兄长的责任训导他们，如果自己尽了兄长的责任，弟妹还未能改正，那就放弃吧。"

曾子曰："夫礼，大之由也，不与小之自也①。饮食以齿，力事不让，辱事不齿，执觞觚杯豆而不醉，和歌而不哀②。夫悌者，不衡坐，不苟越，不干逆色，趋翔周旋，俛仰从命③。不见于颜色，未成于悌也。"

注释

①大：长者。小：少者。

②齿：年齿，年龄。觞 shāng 觚 gū 杯豆：皆指酒器。和 hè：唱和。

③衡：同"横"。苟：随着。越：超越。干：干犯。逆色：脸色不好。 趋：小步快走。翔：行走时向人拱手行礼。俛：同"俯"，俯仰指升降，

前进后退。趋翔、俛仰均为礼仪动作。

译文

曾子说："礼，是成年的大人做的，不可以要求小孩子一起来做。吃饭饮食应该以年龄长幼安排，如碰上需要劳力的事情则不应推让给他人，遇到低贱的事情应该由相对年轻的人去承担，拿着觞觚杯豆劝酒，而不能喝醉，应和歌曲，不能宣泄哀伤。做弟弟的，在兄长面前不要横着坐，不要随意越位，不干犯兄长，而使他们有不悦之色，在兄长面前轻快地走以进行周旋应对，俯仰之间都要听命于兄长。不善于察言观色，是不能成就孝道的。"

曾子曰："忠者，其孝之本与？孝子不登高，不履危，库亦弗凭，不苟笑，不苟訾，隐不命，临不指，故不在尤之中也①。孝子恶言死焉，流言止焉，美言兴焉，故恶言不出于口，烦言不及于己。故孝子之事亲也，居易以俟命，不兴险行以徼幸②。孝子游之，暴人违之③。出门而使，不以或为父母忧也④。险涂隘巷不求先焉，以爱其身，以不敢忘其亲也⑤。孝子之使人也，不敢肆行，不敢自专也。父死，三年不敢改父之道，又能事父之朋友，又能率朋友以助敬也。君子之孝也，以正致谏。士之孝也，以德从命。庶人之孝也，以力恶食⑥。任善，不敢臣三德⑦。故孝子之于亲也，生则有义以辅之，死则哀以莅焉，祭祀则莅之以敬，如此而成于孝子也。"

注释

①履 lǚ：践踩，走过。庳 bì：低洼。訾 zǐ：诽谤，非议。隐：幽隐之处。临：登临。

②俟 sì：等待。徼倖 jiǎo xìng：即"侥幸"。

③游：即"由"，顺从。

④或：代词，有的事情或人物。

⑤涂：即"途"，道路。

⑥恶食：味道不好的食物。

⑦三德：即三老，此处指先秦掌管教化的乡官。

译文

曾子说："忠，是孝的根本吗？孝子不攀登险峻的地方，不践履危险的地方，不凭临低下的深渊，不随便说笑，不随便诋毁别人，在幽暗之处不发出命令。在登临高处时不指手画脚，所以不在罪尤之中。孝子不说恶言恶语，不传播流言蜚语，而好话却经常说，所以恶言恶语不出于口，令人厌烦之语不会说到孝子身上。所以孝子侍奉双亲，居处在安稳平易的地方以听候父母之命，不做出危险的行为来意图获得意外的幸福。孝子顺从父母，凶暴之人违逆父母。在家门之外担任使命，不能有任何事情让父母担忧。凡是有危险的路和狭隘的小巷，自己都不抢在别人前面，以保护好自己的身体，这是念念不忘自己双亲担忧的缘故呀。孝子指挥别人做事时，不敢恣意放肆，也不敢独断专行。父母去世后，三年不敢改变父母原来的做法，还能侍奉父母的朋友，并能让自己的朋友一起来尊敬自己的父母。君子的孝道，是面对父母的过错用正道、善道来进行劝谏。士人的孝道，是以孝德来顺从父母之命。老百姓的孝道，是尽力供给父母美味的食物。任用善人，不能把三老当作自己的臣下来进行使唤。所以孝子对待自己的双亲，当他们活着的时候，以道义辅助他们，他们去世之后，则怀着悲哀处理丧事，祭祀的时候，就怀着真诚敬重的心情进行祭祀，这样就是一个标准的孝子了。"

曾子曰："孝子言为可闻，行为可见。言为可闻，所以说远也；行为可见，所以说近也。近者说则亲，远者说则附。亲近而附远，孝子之道也。"

译文

曾子说："孝子说的话可以让人听到，做的事可以让人看到。所以说的话能使远方的人高兴；做的事能使近处的人高兴。近处的人高兴就自然会亲近，远方的人高兴就自然来归附。使近处的人亲近而远方的人归附，这是孝子的原则。"

曾子志存孝道。齐国尝聘,欲与为卿,而不就。曰:"吾不就,吾父母老,食人之禄则忧人之事,故吾不忍远亲而为之役。"

译文

曾子立志于践行孝道。齐国曾经想聘请曾子,让他做齐国的卿。曾子说:"我不去就职,因为我父母年迈,我拿了别人的俸禄自然就要分担别人的事情,我不忍心远离我的父母而去从事这样的职役。"

曾子耘瓜,误斩其根。曾晳怒,建大杖以击其背,曾子仆地而不知人久之,有顷乃苏①。欣然而起,进于曾晳曰:"向也参得罪于大人,大人用力教参,得无疾乎?"退而就房,援琴而歌,欲令曾晳闻之而知其体也。仲尼闻之而怒,告门弟子曰:"参来,勿纳也②。"曾子自以为无罪,使人请于仲尼。仲尼曰:"女不闻乎?瞽瞍有子曰舜,舜之事瞽瞍,欲使之,未尝不在于侧;索而杀之,未尝可得③。小杖则待过,大杖则逃走。故瞽瞍不犯不父之罪,而舜不失烝烝之孝④。今参事父,委身而待暴怒,殪而不避,既身死而陷父于不义，其不孝孰大焉⑤？女非天子之民也，杀天子之民，其罪奚若？"曾子闻之曰："参罪大矣。"遂造仲尼而谢过⑥。

注释

　　①曾皙xī：曾参之父，名点，字皙。建：竖立，举起。
　　②纳：接受。
　　③瞽瞍gǔsǒu：舜的父亲，双目失明，故称。
　　④烝zhēng烝：忠厚美好的样子。
　　⑤委身：弃身，放弃自己的生命。殪yì：死。
　　⑥造：造访，拜访。谢：认错，道歉。

译文

　　曾子在瓜地里锄草，不小心将瓜苗的根给锄掉了。他的父亲曾皙大怒，拿起大棍棒就向曾子的背部用力击打过去，曾子应声倒地，很长时间不省人事。过了段时间苏醒过来后，他高兴地站起来，对曾皙说："刚才我获罪于父亲大人，父亲大人费了大力气教育我，您自己现在没有什么闪失吧？"随后退回到自己的房间，拿出琴来边弹边唱，想让曾皙知道自己身体没有任何问题。孔子听到这个事情后，非常生气，对他的学生说："曾参来了，不要让他进来。"曾子自认为自己本没有什么过错，便请人向孔子请教。孔子说："难道你没有听说吗？有一位瞽瞍的孩子名字叫舜。舜在侍奉他父亲瞽瞍时，每当瞽瞍要使唤他，舜都能及时出现在瞽瞍身边；但当瞽瞍要杀他的时候，却没有一次能找到他。如果是小棍棒，就承受惩罚；可如果是大棍棒，就及时逃走避开。这样，瞽瞍没有犯下为父不慈的罪过，舜也尽到孝子本分。而如今，曾参侍奉他父亲的时候，却轻弃自己的生命而直接去承受父亲的暴怒，就算可能被打死也不知回避。倘若真的死了，那不是陷他的父亲于不义么？还有比这更不孝的吗？曾参难道不是天子的子民吗？杀了天子子民的人，他的罪责应该是什么？"曾子听完后说："我的罪过太大了。"于是造访孔子而专门谢罪。

曾皙嗜羊枣，而曾子不忍食羊枣①。公孙丑问于孟轲曰："脍炙与羊枣孰美②？"孟轲曰："脍炙哉！"公孙丑曰："然则曾子何为食脍炙而不食羊枣？"曰："脍炙所同也，羊枣所独也。讳名不讳姓，姓所同也，名所独也③。"

注释

①羊枣：一种小柿子，俗称牛奶柿。

②脍炙：切得很细的鱼或肉叫脍，烧肉叫炙。

③讳名：古代避免直称或书写父母和君主的名字，这种制度叫讳名。

译文

曾皙喜欢吃羊枣,曾子因此就不忍吃羊枣。公孙丑向孟子问道:"烤肉与羊枣哪一种美味?"孟子说:"烤肉呀!"公孙丑说:"那为什么曾子会吃烤肉而不吃羊枣?"孟子说:"烤肉是大家喜欢的美味,而羊枣只是个别人的独好。这就像避讳父母之名字而不避讳父母的姓氏,因为姓是大家相同的,而名却每人都不一样。"

曾子养曾皙,必有酒肉,将彻必请所与①。问有余,必曰:"有。"曾皙死,曾元养曾子,必有酒肉,将彻,不请所与②。问有余,曰:"亡矣。"将以复进也。孟轲曰:"此所谓养口体者也。若曾子,则可谓养志也。事亲若曾子者,可也。"

注释

① 彻:撤除。
② 曾元:曾参的儿子。

译文

曾子奉养曾皙,每餐都有酒有肉,将要撤席的时候,都会问剩下的酒菜给谁。如果曾皙问有无剩余,曾子必定会说:"有。"曾皙去世后,曾元奉养曾子,每餐也有酒肉，将要撤席的时候，不会问剩下的酒菜给谁。如果曾子问有无剩余，曾元会说："没有了。"留到下次再给曾子吃。孟子评价道："曾元对父母只是口腹身体之养。至于曾子，可以说是顺从父母的心意。侍奉父母像曾子一样就可以了。"

曾子曰："往而不可还者，亲也。至而不可加者，年也。是故孝子欲养而亲不逮也，木欲直而时不待也。是故椎牛而祭墓，不如鸡豚逮亲存也①。故吾尝仕齐为吏，禄不过钟釜，尚犹欣欣而喜者，非以为多也，乐逮亲也②。既殁之后，吾尝南游于楚，得尊官焉，堂高九仞，榱题三围，转毂百乘，犹北乡而泣涕者，非为贱也，悲不逮吾亲也③。故家贫亲老，不择官而仕。若夫信其志，约其亲者，非孝也④。"

注释

① 椎 chuí 牛：屠宰牛。椎，敲打，用椎击打。豚 tún：小猪。逮：及，在……时候。

② 钟釜 fǔ：六斛 hú 四斗为一钟，釜的容量标准各家不一。

③ 仞：量词，古代一般以八尺为一仞。榱 cuī 题：屋椽子的前端，俗称"出檐"。围：量词，两手大拇指与食指合拢的圆周长即一围。毂 gǔ：车轮中

心的圆木。

④信：同"伸"，伸张。约：节约。

译文

　　曾子说："去世以后就不能再回到我们身边的是父母，时间到了而不能再增加的是年岁。因此孝子想奉养自己的父母，而父母的年寿是不会等待的，树木想要长直，时机是不会等待的。与其宰牛去自己父母的坟墓进行祭祀，还不如在父母健在时杀鸡宰猪供养父母。所以我在齐国做小官时，俸禄非常微薄，但我还是非常高兴，并不是我认为官职大、俸禄多的原因，而是因为可以用来奉养自己的父母。父母去世后，我曾经向南方游历到楚国，得到了很高的官位，房子厅堂非常高大，房屋椽子前端的瓦当也有三围这么粗大，供使用的车子有百辆之多，但我还是会朝着北方——我父母的方向哭泣，并不是职位低贱的缘故，而是悲痛自己不能再奉养父母了。所以当家里贫穷时，为了奉养父母，对于官位就会不加选择来出任。如果仅仅是为了实现自己的理想抱负，而让自己父母受委屈，这不是孝顺的人。"

周礼第四

曾子曰:"周礼,其犹醵与①?"

注释

①醵jù:凑钱饮酒。

译文

曾子说:"周代合祭中的旅酬、六尸互相劝酒之礼,就像凑钱会饮一样的吧?"

曾子曰:"生,事之以礼;死,葬之以礼,祭之以礼,可谓孝矣。"

译文

曾子说:"父母在世的时候,侍奉父母要依据礼制;父母去世之后,就按照礼制安葬父母,并按照礼制进行祭祀,这就可以称为孝道了。"

曾子曰:"狎甚则相简,庄甚则不亲①。是故其狎足以交欢,其庄足以成礼。"仲尼闻斯言也,曰:

"二三子志之,孰谓参也不知礼乎②?"

注释

① 简:简慢。
② 二三子:古代对众人的称呼,与现在的"各位"相近。

译文

曾子说:"过分亲昵就会相互有所怠慢,过分庄重则会显得不够亲近。因此,君子亲昵他人的程度是到能愉快交往即可,君子在别人面前显得庄重的程度到足以完成礼节即可。"孔夫子听到这些话后说:"大家要记住这些话,谁说曾参不懂礼节呢?"

曾子问于仲尼曰:"古者师行无迁主,则何主①?"仲尼曰:"主命②。"问曰:"何谓也?"仲尼曰:"天子诸侯将出,必以币帛皮圭告于祖祢,遂奉以出,载于齐车以行,每舍奠焉,而后就舍③。反必告设,奠卒,敛币玉藏诸两阶之间乃出④。盖贵命也。"

注释

① 迁主:迁入太祖庙的远祖神主。据皇侃,随军队同行的迁庙主,是最近迁入之主。

②主命：以祖先神主所命为主。
③祢 nǐ：父庙。舍：住在馆舍。奠：祭奠。
④反：同"返"。告：祭告。设：陈设币帛皮圭。敛：埋藏。

译文

　　曾子向孔子问道："古代军队出征的时候，如果没有迁庙之主可以供奉，那应该用什么神主？"孔子答道："就以祖先神的天命为神主吧。"曾子又问道："这句话是什么意思？"孔子答："天子和诸侯将要出征的时候，一定会以币帛皮圭作供品到祖庙和父庙举行告祭，祭礼结束之后，会捧着这些供品出征。将这些供品放置在斋车上，每到驻扎休息的地方，就要对这些供品进行祭奠，然后才开始驻扎休息。班师之后，必须要在祖庙、父庙举行告归的祭祀。祭奠结束后，把这些'主命'的供品收集起来，藏在庙堂两阶之间，然后退出庙堂。这样表示尊崇神主的命令。"

　　曾子问于仲尼曰："诸侯旅见天子，入门，不得终礼，废者几①？"仲尼曰："四。""请问之。"曰："大庙火，日食，后之丧，雨霑服失容，则废②。如诸侯皆在而日食，则从天子救日，各以其方色与其兵；大庙火，则从天子救火，不以方色与兵③。"

注释

①旅见：诸侯一同朝觐。

②大庙：即太庙，古代皇帝的宗庙。霑zhān：淋湿。

③各以其方色与其兵：各方诸侯穿戴自己的服饰，拿着自己的兵器（东方穿青衣，执戟；南方服红衣，执矛；西方服白衣，执弩；北方服黑衣，执盾；中央服黄衣，用鼓）。

译文

曾子问孔子说："诸侯一起觐见天子的时候，到了太庙之门，还没结束觐见礼，却必须要中止的有哪几种情况？"孔子说："有四种。"曾子问："那请问是哪四种呢？"孔子答道："太庙发生了火灾；有日食现象；后宫发生了丧事；大雨淋湿了礼服，仪容失态，这四种情况都是要中止觐见礼的。如果诸侯们都在场而发生日食的，就和天子一起参加救日的活动，各方诸侯穿着自己一方的服饰，拿着自己一方的兵器；如果是太庙起火，那么各方诸侯就不用穿着自己一方的服饰，拿着自己一方的武器，只要救火就行。"

曾子问于仲尼曰："诸侯相见，揖让入门，不得终礼，废者几①？"仲尼曰："六。""请问之。"曰："天子崩，大庙火，日食，后夫人之丧，雨霑服，失容，则废。"

注释

①揖yī让：拱手行礼，宾主相见之礼。

译文

曾子向孔子问道："诸侯之间互相拜见，主人已将客人礼让进门，却不能将相关礼节完成，而不得不中止的情况有哪几种？"孔子答道："六种。"曾子又问道："是哪六种呢？"孔子答："天子驾崩，太庙起火，发生日食，国君夫人去世，大雨淋湿了礼服，仪容失态，这六种情况都是要中止行礼的。"

曾子问于仲尼曰："天子尝、禘、郊、社、五祀之祭，簠簋既陈，天子崩，后之丧，如之何？①"仲尼曰："废。"

注释

①尝：秋祭宗庙。禘dì：夏祭宗庙。郊：在国都近郊祭祀天地及其他神灵。社：祭祀土地神。五祀：祭祀门、户、中霤liù、灶、行五神。

译文

曾子向孔子问道:"如果天子进行宗庙之祭、天地之祭、社祭、五祀之祭,祭祀器具已摆设上,各项准备工作都已做好,而天子突然驾崩,或者王后去世,该如何处理?"孔子答道:"中止祭祀。"

曾子问于仲尼曰:"当祭而日食,大庙火,其祭也如之何?"仲尼曰:"接祭而已矣①。如牲至未杀,则废;天子崩,未殡,五祀之祭不行,既殡而祭②。其祭也,尸入,三饭不侑,酳不酢而已矣③。自启至于反哭,五祀之祭不行④。已葬而祭,祝毕献而已。"

注释

①接祭:简捷地祭祀。接,通"捷"。
②殡:入棺停殡。
③三饭:尸吃了三口饭。侑yòu:劝食。酳yìn:食毕用酒漱口,为祭祀时一种礼节。酢zuò:用酒回敬主人。
④启:出殡。反哭:从墓地返回,哭于殡宫。

译文

　　曾子向孔子问道："如果祭祀的时候发生了日食，太庙起火，那祭祀活动该如何处理？"孔子答道："简单而迅速地进行祭祀。如作为牺牲的牲畜已牵引到但尚未宰杀，那祭祀就不用再举行了；如果天子驾崩，灵柩尚未入殡，五祀之祭就不用再进行了；如果灵柩已经入殡，那就可以祭祀了。进行祭祀的时候，尸入席，吃了三口饭，主人就不用再劝食了，尸以酒漱口后也不用再向主人以酒还礼。从启殡到安葬反哭期间，不进行五祀之祭，安葬完毕则可以祭祀，但到祷祝官献好酒后就结束。"

　　曾子问曰："诸侯之祭社稷，俎豆既陈，闻天子崩，后之丧，君薨，夫人之丧，如之何①？"孔子曰："废。自薨比至于殡，自启至于反哭，奉帅天子②。"

注释

　①社：土地神。稷：谷神。俎豆：泛指祭祀所用的礼器。俎，盛牲的礼器。豆，用来盛酱的礼器。
　②帅：循。

译文

曾子向孔子问道:"如果诸侯在祭祀社稷之神时,各种礼器已摆设好,突然听到天子驾崩,或王后薨逝的消息,或者是国君、诸侯夫人去世,那祭祀该怎么办?"孔子答道:"停下来吧。从刚去世到入殡,从启殡到反哭期间,都要遵守天子才能完成的成规,因而不能祭祀。"

曾子问于仲尼曰:"大夫之祭,鼎俎既陈,笾豆既设,不得成礼,废者几①?"仲尼曰:"九。""请问之。"曰:"天子崩,后之丧,君薨,夫人之丧,君之大庙火,日食,三年之丧,齐衰,大功,皆废②。外丧自齐衰以下行也③。其齐衰之祭也,尸入,三饭不侑,酳不酢而已矣。大功,酢而已矣。小功,缌,室中之事而已矣④。士之所以异者,缌不祭,所祭,于死者无服,则祭。"

注释

①祭:宗庙之祭。鼎:古代青铜礼器,可用于烹饪。笾 biān:竹制礼器,在祭祀或宴会时用于盛果品肉脯。

②齐衰 zī cuī:五服之一,如孙子孙女为其祖父祖母、

重孙重孙女为其曾祖父、曾祖母等穿的丧服。大功：五服之一，如为从祖父母、堂伯叔父母、未嫁祖姑、堂姑、已嫁堂姐妹、兄弟之妻、从堂兄弟、未嫁从堂姐妹，和为外祖父母、母舅、母姨等所穿的丧服，服期为九个月。

③外丧：为不在一起生活的亲属举行的丧礼。

④小功：五服之一，如为从祖父母、堂伯叔父母、未嫁祖姑、堂姑、已嫁堂姐妹、兄弟之妻、从堂兄弟、未嫁从堂姐妹、外祖父母、母舅、母姨等所穿的丧服，服期为五个月。缌：又称缌麻，是五服中最轻的一种，如为曾祖父母、族伯父母、族兄弟、未嫁族姐妹，和外姓中的表兄弟、岳父母等所穿的丧服。室中之事：祭礼进行到主人、主妇、宾长在室中向尸献酒。

译文

曾子向孔子问道："大夫在举行宗庙祭祀，各种礼器及祭品都已摆设好，却不能完成祭祀，必须中止的情况有几种？"孔子答道："九种"。曾子又问道："请您做点解释。"孔子答道："天子驾崩，王后薨逝，国君薨逝，国君夫人去世，国君太庙起火，发生日食，碰到父母去世，祖父母、伯父母去世，堂兄弟去世，这九种情况都是要中止祭祀的。至于外亲去世，凡在齐衰以下的，祭祀就可以继续进行。但尸入席后，吃了三口饭，主人就不用再劝食了，尸以酒漱口后也不用再向主人以酒还礼，祭祀到此就结束。外丧属于大功之亲的，则尸须回敬主人以酒；外丧属于小功、缌麻之亲的，则祭祀进行到主人、主妇、宾长向尸献酒为止。在碰到上述问题时，士人会有些不一样的地方，如有缌麻之亲在祭祀时去世，士人的祭祀也应停止。但如所祭的祖先与死者已无丧服关系，那么祭祀就可以照常进行。"

曾子问曰："三年之丧吊乎？"仲尼曰："三年之丧，练不群立，不旅行①。君子礼以饰情，三年之丧而吊哭，不亦虚乎②？"

注释

① 练：细白布冠。不群立：不与群体一起站立。旅行：走路。
② 虚：虚伪。

译文

曾子问道："在居父母丧时，可以到别人家去吊丧吗？"孔子说："居父母丧时，在周年之祭时要头戴白布冠帽，不能和其他人站立在一起，也不能和其他人一起走路，君子通过礼节来修饰自己的情感，在居父母丧期间到别人家去吊丧哭泣，这个是不是很虚假？"

曾子问曰:"宗子为士,庶子为大夫,其祭也如之何①?"仲尼曰:"以上牲祭于宗子之家,祝曰:'孝子某为介子某荐其常事②。'若宗子有罪居于他国,庶子为大夫,其祭也,祝曰:'孝子某使介子某执其常事。'摄主不厌祭③,不旅,不假④,不绥祭⑤,不配⑥,布奠于宾⑦,宾奠而不举⑧,不归肉⑨。其辞于宾曰:'宗兄宗弟宗子在他国,使某辞。'"

注释

①宗子:身承大宗的嫡长子。庶子:宗子之外的儿子。

②上牲:上等牺牲,此指少牢,即一羊一猪。祝:神职人员,负责祭祀时向神灵致辞。孝子:指宗子。介子:指庶子。荐:进献。常事:指常规性祭祀。

③摄主:代理主祭的庶子。厌祭:祭祀时不用尸作代表,以食品直接供奉祖先使之饱食。厌,饱食。

④假 gǔ:通"嘏",指尸祝代表先祖祝福主人。

⑤绥祭:由佐食从俎豆上取下当祭之物以授主人或尸,以便开始进行祭祀。

⑥配:配祀。

⑦布奠于宾:用酒酬敬上宾。

⑧宾奠:宾把主人的敬酒端过来,放在脯醢的南面。

⑨归：通"馈"，馈赠。

译文

曾子问道："嫡长子是士人阶层，而庶子却是属于大夫阶层，那在祭祀的时候该怎么办？"孔子说："用上牲祭祀于嫡长子的家中，祝官说：'孝子某某为庶子某某荐献常规祭品。'如果嫡长子获罪而逃居在其他国家，而庶子为大夫，进行祭祀的时候，祝官就说：'孝子某某派使庶子某某荐献常规祭品。'但在祭祀的时候，不进行厌祭，不进行旅酬，不祝福，不绥祭，也不说配享的话。主人用酒酬敬上宾，上宾取过酒杯放下，而不举起酒杯进行酬谢，也不给助祭的宾客分送祭祀用过的肉。庶子应对来宾说：'嫡子现在他国，让我代行祭祀，并向各位致意。'"

曾子问曰："宗子去在他国，庶子无爵而居者，可以祭乎？"孔子曰："祭哉！""请问其祭如之何？"孔子曰："望墓而为坛，以时祭。若宗子死，告于墓而后祭于家。宗子死，称名不言孝，身没而已①。"子游之徒有庶子祭者以此，若义也②。今之祭者不首其义，故诬于祭也③。

注释

①称名不言孝：祝在致辞时只称"子某"，而不能称"孝子某"。身没而已：庶子死后，其子即庶子之嫡子，祭此庶子即可自称"孝子"，祭此庶子之父可自称"孝孙"。

②若义：似有义理可循。

③不首其义：不以祭义为首要根据。

译文

曾子问道："嫡长子因罪逃亡他国，而庶子居住在国内又没有爵位，可以进行祭祀吗？"孔子说："可以祭祀的。"曾子又问："那请教这个祭祀该如何举行呢？"孔子回答道："朝着祖坟的方向设立祭坛，按照时令进行祭祀。如果嫡长子已经去世，那就须到祖坟先祭告，然后在家中进行祭祀。嫡长子去世了，祭祀的人只能称呼名字而不说孝子某某，直到去世都是这样的。子游这帮学生当中就有以庶子身份按照上述礼节进行祭祀的，这符合礼仪。而现如今的其他庶子进行祭祀，因为不知道礼仪，所以就胡乱祭祀了。"

有子问第五

有子问于曾子曰①："闻丧于夫子乎？"曰："闻之矣，丧欲速贫，死欲速朽。"有子曰："是非君子之言也。"曾子曰："参也闻诸夫子也。"有子又曰："是非君子之言也。"曾子曰："参也与子游闻之。"有子曰："然。然则夫子有为言之也。"曾子以斯言告于子游，子游曰："甚哉！有子之言似夫子也。昔者夫子居于宋，见桓司马自为石椁，三年而不成②。夫子曰：'若是其靡也，死不如速朽之愈也③。'死之欲速朽，为桓司马言之也。南宫敬叔反，必载宝而朝④。夫子曰：'若是其货也，丧不如速贫之愈也。'丧之欲速贫，为敬叔言之也。"曾子以子游之言告于有子，有子曰："然。吾固曰非夫子之言也。"曾子曰："子何以知之？"有子曰："夫子制于中都，四寸之棺，五寸之椁，以斯知不欲速朽也⑤。昔者夫子失鲁司寇，将之荆，盖先之以子夏，又申之以冉有，以斯知不欲速贫也⑥。"

注释

①有子：孔门弟子有若，鲁国人，字子有，有子是有若的弟子对有若的尊称。

②桓司马：指宋国司马桓魋tuí。石椁：石头外棺。三年而不成：言其精雕细刻，费时耗财。

③靡 mí：浪费。

④南宫敬叔：春秋时鲁国人，孟僖子之子，名阅或说，谥敬，孔子弟子。反：通"返"。

⑤制：统治、管理。中都：鲁邑名。

⑥司寇：官名，主管刑狱。荆：楚国。

译文

有子向曾子问道："你听说过孔子关于丢丧官职的看法吗？"曾子回答说："听说过，人丢了官职就希望早点贫穷，人死了以后就希望快点腐烂。"有子说："这个肯定不是君子应该说的话。"曾子说："我确实是听孔子说的。"有子还是说："这个肯定不是君子应该说的话。"曾子说道："我和子游确实听孔子说过。"有子说："好的，即便如此，我认为孔子肯定是有所特指的。"曾子把有子的话告诉了子游，子游说："真是太厉害了！有子的话像极了孔子。以前孔子居处于宋国的时候，看到桓司马为自己制作石椁，三年都还没有完成。孔子说：'像这样奢靡的，还不如死后早点腐烂的好。'死了就希望尸体快点腐烂，说的就是桓司马。南宫敬叔每次完成使命返回，都会满载珍宝来朝见国君。孔子说：'像他这样以财货求官的，丢官后不如早点贫穷的好。'丢官后希望尽快贫穷的话，是针对南宫敬叔说的。"曾子把子游的话转告给了有子，有子说："应该是这样的，所以我坚持说这个不是孔子的话呢。"曾子奇怪地问："你怎么知道这些的呢?"有子说:"当时孔子治理中都邑的时候,用的是四寸厚的内棺,五寸的外椁,从这个可以知道孔子是不想死后身体马上腐烂的。以前孔子失去鲁国司寇一职,便想到楚国去求官,先派了子夏去,后又派冉有去帮忙,从这可以知道孔子是不想在失去官职之后,马上就陷入贫穷的。"

曾子曰:"朋友之墓有宿草而不哭焉①。"

注释

①宿草:隔年长出的草。按礼制,朋友死,为其心丧一年。

译文

曾子说:"朋友墓地上长有隔年的草,就可以不再为他哭丧了。"

曾子曰:"始死之奠,其余阁也与①?"

注释

①奠:一指奠祭,是始死至葬之时的祭名,把祭品放置地上,让神来享受,奠即放置之义;二指奠

祭所用的祭品。余阁：即"阁余"，放置多余食品的架子。

译文

曾子说："人刚去世时，供在尸体旁的祭奠食品，用的是食架上现成的食物吧？"

曾子曰："小功不为位也者，是委巷之礼也①。"

注释

①为位：指按照亲疏序列之位而哭。位，指哭泣位置。委巷：小巷，陋巷，此指此处之居民。

译文

曾子说："小功之服，不按照亲疏的序列而哭，那些都是小户人家的礼节了。"

曾子谓子思曰："伋！吾执亲之丧也，水浆不入于口者七日①。"子思曰："先王之制礼也，过之者俯而就之，不至焉者跂而及之②。故君子之执亲之丧也，水浆不入于口者三日，杖而后能起③。"

注释

①执：执守。浆：浆汤。
②跂 qǐ：踮起脚跟。
③杖：丧杖，此处作动词。

译文

曾子对子思说："子思呀！我执守我父母丧事的时候，七日不曾有任何进食。"子思说："古代圣明先王制定的礼仪，超出礼仪者需要稍微迁就礼制，达不到礼节的人，稍加努力即可达到礼制。所以君子执守父母丧事的时候，是三天不食汤水，而扶着丧杖还能站起来。"

曾子曰："小功不税，则是远兄弟，终无服也，而可乎①？"

注释

①税 tuì：事主听到死讯之时丧期已过，为之追加丧服。远兄弟：从祖兄弟。

译文

曾子说："小功之服，在丧期已过才听到丧信，可以不必追加丧服,那么对没有居住在一起的从祖兄弟根本就谈不上服丧服了,这样可以吗?"

曾子曰:"丧有疾,食肉饮酒,必有草木之滋焉①。"以为姜桂之谓也②。

注释

①草木之滋:食欲不振,增加草木以调和味道。滋,滋味。
②姜桂:生姜、肉桂等调料。

译文

曾子说:"服丧期间累病了,可以吃肉喝酒,但一定要有一些草木的味道。"草木滋味,指的是姜、桂皮之类佐料。

曾子曰:"晏子可谓知礼也已,恭敬之有焉①。"有若曰:"晏子一狐裘三十年,遣车一乘,及墓而返②。国君七个,遣车七乘。大夫五个,遣车五乘③。晏子焉知礼?"曾子曰:"国无道,君子耻盈礼焉。国奢则示之以俭,国俭则示之以礼。"

注释

①晏子：春秋末年齐国大夫晏婴，字仲，谥平，事齐国灵公、庄公、景公，以力谏节俭著称。

②遣车：送葬时载牲体，并在下葬时连同牲体一并随棺入圹的车子。

③个：苞，遣奠牲体之数。

译文

曾子说："晏子可以说是懂得礼仪的人了，执礼非常的恭敬。"有若说："晏子一件狐裘衣服穿了三十年，其父的遣奠牲体车子只有一辆，所以葬礼感觉刚到墓地就完成返回了。按照礼节，国君遣奠应该取牲体是七苞，遣车也就应是七辆；大夫是五苞，遣车应是五辆。晏子完全没有按照礼节来葬父，怎么可以说是懂得礼节呢？"曾子说："国家无道，君子以完整照搬礼节为羞耻，国家社会如果风气奢靡，那就要以节俭率先垂范，国家社会如果风气节俭，那就要以按照礼节办事来垂范百姓。"

读赗①。曾子曰："非古也，是再告也。"

注释

①赗 fèng：赠送财物以帮助主人办丧事的单子。

译文

在灵车出发之前，将助丧人的名单及其送葬礼物的单子在灵车前进行宣读。曾子说："这不合乎古代的礼制，本来在灵堂已经宣读过一次，这就是重复宣读了。"

曾子与客立于门侧，其徒趋而出①。曾子曰："尔将何之？"曰："吾父死，将出哭于巷。"曰："反哭于尔次②。"曾子北面而吊焉。

注释

①其徒：曾子的门徒。趋：小步快走。
②次：住所。

译文

曾子和客人站在门边，一个弟子快步走出门。曾子问道："你要去哪里？"那个弟子回答说："家父去世，我要到街巷上去哭。"曾子说："回到你的房间去哭就可以了。"曾子也面朝北向他的学生表示吊唁。

曾子曰："尸未设饰，故帷堂，小敛而彻帷①。"仲梁子曰②："夫妇方乱，故帷堂，小敛而彻帷③。"

小敛之奠，子游曰："于东方④。"曾子曰："于西方，敛斯席矣。"小敛之奠在西方，鲁礼之末失也。

注释

①设饰：指为死者沐浴、整容、袭穿衣、敛等事。
　惟堂：在堂上设立帷帐。彻：撤除。
②仲梁子：鲁人，其事未详。
③夫妇方乱：主人主妇正在手忙脚乱之中。
④于东方：于尸体东方。尸体头朝南，所以东方也就是右手方。

译文

曾子说："人死后尸体尚未沐浴整容，所以在堂上设立帷帐，小敛程序结束后，就撤除帷帐。"仲梁子说："人死之初，主人手忙脚乱的，所以要在堂上设立帷帐，小敛之后就撤除帷帐。"关于小敛的祭奠，子游说："应该摆在东边。"曾子说："应该是西边，而且应该摆在席子上。"小敛的祭奠应摆在西边，这是鲁国末世礼教的失误。

宋襄公葬其夫人，醯醢百瓮①。曾子曰："既曰明器矣，而又实之②。"

注释

①宋襄公：宋国君主，姓子，名兹甫，公元前650年至前637年在位。醯 xī：用于保存食品的醋或加香料的醋。醢 hǎi：鱼肉制成的酱。瓮：盛液体的坛。

②明器：随葬的器皿，又称冥器。

译文

宋襄公安葬他夫人的时候，弄了上百坛的醋和酱来陪葬。曾子感叹道："明器本来只是个模型，是不作实用的，竟然又用实物将之填装上了。"

子夏丧其子而丧其明，曾子吊之曰①："吾闻之也，朋友丧明则哭之。"曾子哭，子夏亦哭，曰："天乎！予之无罪也。"曾子怒曰："商，女何无罪也？吾与女事夫子于洙泗之间，退而老于西河之上，使西河之民疑女于夫子，尔罪一也②。丧尔亲，使民未有闻焉，尔罪二也。丧尔子，丧尔明，尔罪三也③。而曰女何无罪与？"子夏投其杖而拜曰："吾过矣，吾过矣，吾离群而索居亦已久矣④。"

注释

①子夏：姓卜，名商，字子夏，孔子弟子，魏人。

吊：慰问。

②洙泗：洙水和泗水，皆经曲阜，孔子曾在洙泗之间讲学，后因以"洙泗"代称儒家圣地。西河：战国时魏国黄河以西之地。

③丧尔子，丧尔明，尔罪三也：按照孝道，孝子必须爱护身体发肤，子夏失明违反了这一孝道原则，因而曾子认为子夏有罪。

④离群索居：离开群体，过孤独的生活，难得听到朋友的规过之言。

译文

　　子夏丧子之后，因悲伤过度而眼睛失明了。曾子去慰问他说："我听说过，朋友眼睛失明了，是要难过地为此而哭的。"曾子于是哭了起来，子夏也跟着一起哭，说："这是天意呀！我未曾获罪于天与他人吧？"曾子生气地说："子夏呀，难道你没有过错吗？你我曾在洙水和泗水之间共同师事孔子，你后来却退居西河一带，让西河的居民认为你堪比孔子，这是你第一条罪状；自己的双亲去世了，但并没有让老百姓学习到关于孝的相关学问，这是你的第二条罪状；儿子去世了，你却因此悲伤到眼睛失明，这是你的第三条罪状。你还敢说你没有过错吗？"曾子丢弃拐杖，叩拜说："我的确错了，我的确错了，我过着离群索居的日子太久了。"

子张死，曾子有母之丧，齐衰而往哭之①。或曰："齐衰不以吊。"曾子曰："吾吊也与哉？"

注释

①子张：即颛孙师，字子张，春秋末年陈国人，孔子弟子。

译文

子张去世时，曾子正为母亲服丧，于是穿着齐衰丧服就去哭悼子张了。有人批评曾子说："你穿着齐衰丧服，是不应该到别人家里吊慰的。"曾子反问道："我难道是吊唁生者吗？"

哀公使人吊蒉尚，遇诸道，辟于路，画宫而受吊焉①。曾子曰："蒉尚不如杞梁之妻之知礼也。齐庄公袭莒于夺，杞梁死焉②。其妻迎其柩于路而哭之哀。庄公使人吊之，对曰：'君之臣不免于罪，则将肆诸市朝，而妻妾执③。君之臣免于罪，则有先人之敝庐在，君无所辱命④。'"

注释

①哀公：即鲁哀公，姬姓，名将，鲁定公之子，鲁国第二十六任君主，公元前494至前468年在位。蒉kuì尚：人名，生平不详。辟bì：退避、躲避。画宫：在路边画一个寝宫。

②齐庄公：姓姜，名购，春秋时期齐国国君，齐成公之子。于夺：其义未详。夺，一作"隧"，狭路、险道之义。

③肆诸市朝：在集市、朝廷陈尸示众。

④敝庐：破旧的宅子。为谦词。

译文

鲁哀公派人吊慰蒉尚，正好在半路上碰上，蒉尚让开路来，在地上画了寝宫的样子就接受吊慰了。曾子知道后说道："蒉尚还不如杞梁的妻子懂得礼节。当时齐庄公派人在狭路上袭击莒国，杞梁战死了。他的妻子在半路上迎接到灵柩，哭得非常悲伤。庄公派人去吊慰，杞梁的妻子说道：'如果君主的臣下有罪了，就应该在集市陈尸示众，并且把他的家人也抓起来。如果君主的臣下没有罪，那他应该有他先人留下的茅舍，你在半路上吊慰，实在是有辱于你的使命。'"

仲宪言于曾子曰①："夏后氏用明器，示民无知也；殷人用祭器，示民有知也；周人兼用之，示民疑也②。"曾子曰："其不然乎！其不然乎！夫明器，鬼器也；祭器，人器也。夫古之人胡为而死其亲乎③？"

注释

①仲宪：即孔子弟子原宪，字子思。
②疑：疑惑，两可之间。
③胡为：何为。死其亲：认为亲人死去后没有知觉。

译文

仲宪对曾子说："夏代王室用明器作陪葬品的原因，是告诉百姓人死之后是没有感知的；商代王室用祭器作陪葬品，是告诉百姓人死之后是有感知的；周代两者兼用，是告诉百姓人死之后是否有感知还尚难确定。"曾子回答道："事实不是这样的！事实不是这样的！明器，是为灵魂准备的器皿；祭器，是为活人准备的器皿。古代的人怎么忍心去确认自己去世的亲人有无感知呢？"

季桓子死，鲁大夫朝服而吊①。曾子问于仲尼曰："礼乎？"夫子不答。他日又问，夫子曰："始死则羔裘玄冠者，易之而已，女何疑焉②？"

注释

①季桓子：季孙氏，名斯，鲁国执政大夫。
②羔裘玄冠：黑色皮裘，黑色的礼帽，是朝服，即吉服。易之而已：改为闲居时的素冠深衣。

译文

季桓子去世了，鲁国的大夫们穿着朝服就前往吊唁，曾子向孔子问道："这符合礼仪吗？"孔子没有回答。过了些日子，曾子又问同样一个问题，孔子说："刚去世的时候，吊唁的人穿戴着黑色皮裘、黑色礼帽的朝服是可以的，只要到时改换成闲居时的素冠深衣即可，又有什么值得你质疑呢？"

丧服第六

曾子问于仲尼曰:"如已葬而世子生,则如之何①?"仲尼曰:"大宰大宗从大祝而告于祢,三月乃名于祢,以名徧告及社稷宗庙山川②。"

注释

①世子:帝王和诸侯的嫡长子。
②名:取名。徧:普遍,全部。

译文

曾子向孔子问道:"如天子诸侯已安葬,这个时候嫡长子出生了,那该怎么办?"孔子说:"太宰、太宗等主管教令的官员跟随太祝等主管宗庙的官员报告于父亲的神主,三个月后,就在神主的面前给嫡长子取名,然后将嫡长子的名字遍告于社稷、宗庙及山川等神灵。"

曾子问于仲尼曰:"并有丧,如之何?何先何后①?"仲尼曰:"葬先轻而后重,其奠也先重而后轻,礼也②。自启及葬不奠,行葬不哀次③。反葬,奠而后辞于殡,遂修葬事④。其虞也先重而后轻,礼也⑤。"

注释

①并有丧：两起以上的丧事一并发生。

②葬先轻而后重：轻、重，指由血亲关系远近而产生恩义的大小薄厚，葬是夺情，故先轻后重。

③启：启殡，古时死者大殓入棺后，棺柩用柴草泥封，临葬前数日，拆除泥封，叫启殡，即开始出殡。行葬：灵车出行。次：居丧时的临时住宿之处。

④辞于殡：向来宾致辞，告知下个葬礼日期。殡，通"宾"，来宾。

⑤虞：葬后之祭，有安神之意。

译文

曾子向孔子问道："两起以上的丧事同时发生，那该怎么办？怎么处理先后顺序？"孔子说："葬礼是先关系较远的，然后关系较近的，进行祭祀的时候则是先关系较近而后关系较远的，这是正礼。从启殡到下葬之时，均不进行祭奠，出葬之时，丧主也不哭踊致哀。葬礼完毕后，为关系近者进行祭奠，然后告知关系近者的启殡日子，接着就是准备葬礼相关事宜。至于葬后的虞祭，则是先关系较近者而后关系较远者，这也是正礼。"

曾子问曰:"大功之丧,可以与于馈奠之事乎①?"仲尼曰:"岂大功尔?自斩衰以下皆可,礼也②。"曾子曰:"不以轻服而重相为乎③?"仲尼曰:"非此之谓也。天子诸侯之丧,斩衰者奠;大夫齐衰者奠;士则朋友奠④。不足则取于大功以下者,不足则反之⑤。"

注释

① 大功:五服之一,丧期为九个月。与:参与。馈奠:停柩在殡宫时的祭奠。
② 斩衰:五服中最重的一种。
③ 轻服:轻视自家丧服。重:重视。相:帮助。
④ 奠:祭奠。
⑤ 反:一人往返两次。

译文

曾子问道:"自己正服大功丧,可以参与他人的馈奠吗?"孔子说:"岂止是大功之丧,自斩衰丧服以下的都可以,这是礼嘛。"曾子说:"这不是对自己的大功之丧有所轻慢懈怠,而把帮助他人的丧礼看得更重要吗?"孔子说:"话不是这么说的,天子诸侯去世后,服斩衰的臣子为他操办馈奠;大夫去世后,则由服齐衰的家臣为他操办馈奠;士人去世后,则由他的友人为他操办馈奠。如果碰上帮助祭奠的人手不够的情况，则可以让服大功之丧以下的人来帮忙，还是不够的话，就让有的人身兼数种身份，来回帮忙。"

曾子问于仲尼曰："小功可以与于祭乎[①]？"仲尼曰："何必小功尔，自斩衰以下与祭，礼也。"曾子曰："不以轻丧而重祭乎？"仲尼曰："天子诸侯之丧祭也，不斩衰者不与祭[②]。大夫齐衰者与祭。士祭不足，则取于兄弟大功以下者。"

注释

[①]小功：五服之一，丧期为五个月。
[②]不斩衰者不与祭：不穿斩衰丧服的臣子不能参与祭奠。

译文

曾子问孔子道："自己正服小功丧，可以参与他人的葬后之祭吗？"孔子说："何必是小功之丧，自斩衰丧服以下的都可以，这是礼嘛。"曾子说："这不是轻视丧服而重视葬后之祭吗？"孔子说："天子诸侯的葬后之祭，没有服斩衰的臣子是不能参与协助的；大夫的葬后之祭，则由服齐衰的家臣参与协助；士人的葬后之祭，如果碰上助祭人手不够，则可以让兄弟辈中服大功之丧以下的人来帮忙。"

曾子问于仲尼曰："相识，有丧服，可以与于祭乎①？"仲尼曰："缌不祭，又何助于人？"

注释

①祭：此处指吉祭。

译文

曾子问孔子道："对于自己相识的人，而自己又有丧服在身，可以参与他的吉祭吗？"孔子说："如果自己有即使是最轻的缌麻之丧服，这就连自家的吉祭都不可参与了，又何谈参与他人的吉祭呢？"

曾子问于仲尼曰："废丧服，可以与于馈奠之事乎①？"仲尼曰："说衰与奠，非礼也，以摈相可也②。"

注释

①废丧服：指服丧期满后脱掉丧服。
②说：通"脱"，脱下。衰：指斩衰、齐衰丧服。
　摈：通"傧"，负责引导、迎接客人的人员。

相：司仪赞礼的人。

译文

曾子问孔子道："如果自己的丧服期刚过，可以参与他人的馈奠吗？"孔子说："刚脱下丧服就去参加他人的馈奠，这个不合正礼，但帮助他人引导、迎接宾客的任务是可以承担的。"

曾子问于仲尼曰："昏礼既纳币，有吉日，女之父母死，则如之何[1]？"仲尼曰："壻使人吊[2]。如壻之父母死，则女之家亦使人吊。父丧称父，母丧称母，父母不在，则称伯父世母[3]。壻已葬，壻之伯父致命女氏曰：'某之子有父母之丧，不得嗣为兄弟，使某致命[4]。'女氏许诺而弗敢嫁，礼也。壻免丧，女之父母使人请，壻弗取而后嫁之，礼也。女之父母死，壻亦如之。"

注释

[1]纳币：古代婚礼"六礼"（纳采、问名、纳吉、纳币、请期、亲迎）之一，指在婚前几个月男方把纳吉时议定的聘礼送给女方。有吉日：已经议定成婚吉日。
[2]壻：通"婿"，下同。

③父丧称父：前一个"父"指丧亲者之父，后一个"父"指与丧亲者订婚的男子或女子之父。

④嗣为兄弟：结为婚姻的一种委婉说法。某：使者名。

译文

曾子向孔子问道："举办婚礼已交送聘金，亲迎的好日子也选好了，但这时女方的父母去世，那该怎么办？"孔子回答说："男方派人进行吊慰。如果是男方家父母去世，那么女方家长也要派人前往吊慰。如果去世的是父亲，则另外一方以父亲的名义吊慰，如果是母亲去世，则另外一方以母亲的名义进行吊慰，父母如果都不在，那另一方就以伯父世母的名义吊慰。如果是男方的父母去世，则在完成葬礼之后，由男方的伯父出面向女方致意说：'某之子不幸有父母之丧，现在不能与您方完婚，谨派使我向您致意。'女方应承下来，不能另嫁他人，这是正礼。男方服丧期结束，女方的父母再派人来咨询婚期，如果这个时候，男方不再娶其女儿，那女方就可以改嫁他人了，这也是正礼。如果是女方父母去世，男方的礼节也是一样的。"

曾子问于仲尼曰："亲迎，女在涂，而壻之父母死，如之何①？"仲尼曰："女改服，布深衣，缟总，以趋丧②。女在涂而女之父母死，则女反。""如婿亲迎，女未至。而有齐衰、大功之丧,则如之何?"仲尼曰:"男不入,改服于外次③。女入,改服于内次,然后即位而哭。"曾子问曰:"除丧则不复昏礼乎④?"仲尼曰:"祭,过时不祭,礼也,又何反于初?"

注释

①亲迎:是古代婚姻六礼中最后一礼,新郎亲自到女方家迎接新娘。涂:通"途"。

②女改服:改出嫁吉服为始丧未成服之服。深衣:古人家居常穿之衣。缟gǎo:白绢。总:束发髻。

③外次:门外更衣的处所。下文"内次"指门内更衣处所。

④复:指重新补办。

译文

曾子向孔子问道:"男方亲迎女方,女方尚在路途上,而男方的父母去世了,那该怎么办?"孔子回答说:"首先女方要改换服装,穿上平时居家的深色衣服,用白绢束发,奔赴丧事。如果是女方在半路上,而女方父母去世了,那么女方就要返回娘家。"曾子又问道:"如果男方亲迎,尚未迎接到女方之时,而突然男方有服齐衰、大功之丧的亲属去世,那该怎么办?"孔子回答道:"那么男方将不进女方大门,在外次改换服装。女方则是进了男方的大门后,在内次更换衣服,然后各就其位进行哭祭。"曾子问道:"服丧期满后,不补办婚礼吗?"孔子回答说:"祭祀,过时就不再祭,这是合乎礼仪的,婚礼又何必补办呢?"

仲尼曰:"嫁女之家三夜不息烛,思相离也。娶妇之家三日不举乐,思嗣亲也①。三月而庙见,称来妇也②。择日而祭于祢,成妇之义也。"

注释

①嗣亲:指传宗接代。
②"三月"二句:如果舅姑健在,新妇要在亲迎的次日行盥馈之礼,表示新妇将履行供养舅姑的义务;舅姑去世,就以庙见代替盥馈之礼,自称"来妇"。

译文

孔子说:"女儿出嫁之后,女方家里三天三夜灯烛不熄灭,以寄托分离的思念之情;而娶归媳妇之后,男方家里三天不奏乐,考虑到的是传宗接代这样重大的事情。新娘嫁到夫家三月之后,如夫家父母已去世,则要在家庙里拜见神主,自称是'来妇'。还要选择个日子到公婆的庙中进行拜祭,这是成为妇道人家的基本礼仪。"

曾子问于仲尼曰："女未庙见而死，则如之何？"仲尼曰："不迁于祖，不祔于皇姑，墦不杖，不菲，不次，归葬于女氏之党，示未成妇也[1]。"

注释

[1]不迁于祖：因为未曾庙见，也就无须朝庙。祔：祭祀之名，此处同"附"，指将后死者神位附于先祖神位之后。皇姑：指死去的祖母。杖：丧杖。菲：指菲履，草鞋。女氏之党：指新娘娘家。

译文

曾子向孔子问道："女子嫁到夫家尚未进行庙见之礼就去世了，那该怎么办？"孔子回答说："灵柩出殡不朝见祖庙，不把神位附于已仙逝的女性神位之后；男子也不执丧杖，不穿孝鞋，不用居丧次，再将女子归葬于女方娘家之坟地，这是表示女子尚未正式成为男方家的媳妇。"

曾子问于仲尼曰："取女有吉日而女死，如之何？"仲尼曰："墦齐衰而吊，既葬而除之。夫死，亦如之。"

译文

　　曾子向孔子问道:"准备迎娶女方的黄道吉日已经定好,但女方这时候去世了,该怎么办?"孔子说:"男方应该服齐衰之丧进行吊慰,在葬礼完成之后,就可以除去孝服。如果是男方去世了,女方也一样。"

　　曾子问于仲尼曰:"大夫士有私丧可以除之矣,而有君服焉,其除之也如之何①?"仲尼曰:"有君丧服于身,不敢私服,又何除焉?于是乎有过时而弗除也②。君之丧服除而后殷祭,礼也③。"

注释

①私丧:自家亲属的丧服,相对于"君服"而言。
②有过时而弗除:服私丧期满,又遇上君丧,于是大夫、士要继续穿丧服,不能脱下。
③殷祭:盛大的祭典,如小祥、大祥等。

译文

　　曾子向孔子问道:"士大夫为自己亲属服丧,到可以除去孝服的时候,碰上君主的丧服,那是否还是要去除自己的丧服?"孔子说:"如果是正在为国君穿孝服,就不能再穿自己亲属的孝服了,又有什么可以去除的孝服呢？如此，士大夫就有服丧期已过而依然穿孝服的情况了。在君主的孝服去除之后，再为自己的亲属进行大、小祥等重大祭祀，这是合乎礼仪的。"

曾子问于仲尼曰："父母之丧弗除，可乎？"仲尼曰："先王制礼，过时弗举，礼也。非弗能勿除也，患其过于制也①。故君子过时不祭，礼也。"

注释

①患：害怕。制：礼制。

译文

曾子向孔子问道："为父母穿孝服永远不去除，这可以吗？"孔子说："先代圣王制定礼乐的时候，错过了时间便不再举办礼仪，这是正礼。他们并不是不能制定不要去除的政令，而是担心这种做法超出了礼制规范，常人反而难以做到。所以君子过了时限便不再进行祭祀，这是合乎礼制的。"

曾子问于仲尼曰："君薨既殡，而臣有父母之丧，则如之何？"仲尼曰："归居于家，有殷事则之君所，朝夕否①。"曰："君既启而臣有父母之丧，则如之何？"仲尼曰："归哭而反送君②。"曰："君未殡而臣有父母之丧，则如之何？"仲尼曰："归殡，反于君所，有殷事则归，朝夕否。大夫，室老行事③。士则子孙行事。大夫内子有殷事亦之君所，朝夕否④。"

注释

①殷事：盛大的祭典。朝夕：朝奠和夕奠，既殡以后，每天早晚各一次的祭奠。
②归哭：服君服而归哭父母。
③室老：家里的总管。
④内子：指妻子。

译文

曾子问道："国君去世，灵柩已在殡宫，而臣子的父母在此时去世了，那该怎么办？"孔子答道："那臣子应返回，居住在家里处理父母的丧事，但在殷奠之时，就要赶回国君的殡宫，至于朝夕之奠，则可不赶回去。"曾子又问："国君的灵柩已启殡，臣子的父母在此时去世了，那该怎么办？"孔子答道："那臣子应回家哭泣致哀，然后折回为国君送葬。"曾子又问："国君去世，尸体尚未停柩殡宫，臣子的父母此时去世了，该怎么办？"孔子答道："臣子回家直到父母入殡了，再回到国君的殡宫。家里的殷奠应回去，朝夕奠则不回。大夫家的朝夕奠，由管家代为办理；士人家的朝夕奠，由其子孙辈代为办理。大夫的正妻在遇到为国君举办的殷奠时，也要到殡宫去参加，朝夕奠可不去。"

晋楚第九

曾子曰:"晋楚之富,不可及也。彼以其富,我以吾仁;彼以其爵,我以吾义。吾何慊乎哉①?"

注释

①慊 qiàn:不满足、欠缺。

译文

曾子说:"晋楚两国的富有程度,我们是达不到的。他们凭借他们的富有,我们则凭借我们的仁爱;他们凭借他们的爵位,我们则凭借我们的义气。那我们还有什么不足的呢?"

曾子曰:"戒之戒之!出乎尔者也,反乎尔者也。"

译文

曾子说:"一定要慎之又慎,从我们身上发出的言行,最终又会折返回我们自身的。"

子夏、子游、子张皆以有若似圣人，欲以所事孔子事之，强曾子①。曾子曰："不可。江汉以濯之，秋阳以暴之，皓皓乎不可尚已②。"

注释

①子夏：姓卜名商，字子夏，孔门十哲之一，以文学著称。子游：姓言名偃，字子游，孔门十哲之一，与子夏齐名，同以文学著称。

②濯zhuó：洗。秋阳：相当于今天的夏阳。暴：同"曝"，晒。皓hào皓：通"皓皓"，光明洁白的样子。尚：通"上"，超越。

译文

子夏、子游、子张都认为冉有有几分像孔子，便想以敬事孔子的规格敬事冉有，他们一定要曾子同意。曾子说："不可以。就像江水洗涤过，秋阳曝晒过一样，孔子的光明洁白，是谁都不可比拟超越的。"

曾子仕于莒，得粟三秉①。是时，曾子重其禄而轻其身。亲没之后，齐迎以相，楚迎以令尹，晋迎以上卿。是时，曾子重其身而轻其禄。

注释

①秉：量词，一秉折合为一百六十斗。

译文

　　曾子在莒国做官，所得俸禄是四百八十斗粟米。那个时候，曾子很看重这份俸禄，而轻视自身修炼。父母去世后，齐国想拜他为相，楚国想聘任他为令尹，晋国则想迎接他担任上卿。而那个时候，曾子又看重自身的修炼而轻视俸禄了。

　　曾子曰："入是国也，言信乎群臣，则留可也；忠行乎群臣，则仕可也；泽施乎群臣，则安可也。"

译文

　　曾子说："到了一个国家，如果这个国家的臣民言而有信，那就可以留下来；如果这个国家臣民都忠诚可嘉，那就可以出来担任官职；如果这里的臣民能相互普施恩泽，则可以安心居住在这个国家。"

　　曾子敝衣而耕于鲁，鲁君闻之而致邑焉，曾子固辞不受①。或曰："非子之求，君自致之，奚固辞也？"

曾子曰："吾闻受人施者常畏人，与人者常骄人。纵君有赐，不我骄也，吾岂能勿畏乎？"仲尼闻之曰："参之言，足以全其节也。"

注释

①致：赠送。邑：采邑。

译文

  曾子穿着破旧的衣服躬耕于鲁国。鲁国的君主听说后，就打算赐赠他采邑，曾子坚持不肯接受。有人就说："又不是你去讨求的，国君自己要赠赐给你，为什么还要百般推辞呢？"曾子说："我听说接受了别人的恩惠后就会害怕得罪于施舍恩惠的人，而施舍恩惠的人则经常会在接受他恩惠的人面前表现出傲气来。即使君主给了我赏赐后不在我面前摆谱，但我难道不会有所畏惧吗？"孔子听后，说道："曾参这番话，足以保全他的节操呀。"

  鲁人攻鄪，曾子辞于鄪君曰："请出，寇罢而后复来，请姑毋使狗豕入吾舍。"鄪君曰："寡人之于先生也，人无不闻。今鲁人攻我，而先生去我，我胡守先生之舍？"鲁人果攻鄪，而数之罪十，而曾子之所争者九。鲁师罢，鄪君复修曾子舍，而后迎之。

译文

鲁国人进攻鄫城，曾子向鄫君告辞说："我今天是向您请行的，敌寇罢兵归去后，我还要回来，请您不要让猪狗等牲口进入我的房子里。"鄫君说道："我对于先生的恃宠，是无人不晓的。现在鲁国要攻打我，而您却要离我而去，那我凭什么还要给先生您守护房子呢？"鲁国人袭攻鄫城，而出师数落鄫君的罪状有十条，但曾子却将其中九条予以驳回。鲁国的军队撤走了，于是鄫君又将曾子的房子重新翻修一遍，然后再迎接曾子回国。

曾子居武城，有越寇①。或曰："寇至，盍去诸？"曰："无寓人于我室，毁伤其薪木②。"寇退，则曰："修我墙屋，我将反。"寇退，曾子反。左右曰③："待先生如此，其忠且敬也。寇至，则先去，以为民望④。寇退，则反。殆于不可。"沈犹行曰："是非女所知也。昔沈犹有负刍之祸，从先生者七十人，未有与焉⑤。子思居于卫，有齐寇。或曰：'寇至，盍去诸？'子思曰：'如伋去，君谁与守？'"孟轲曰："曾子子思同道：曾子师也，父兄也；子思臣也，微也。曾子子思易地，则皆然。"

注释

①武城：鲁国城邑名，在今山东费县。

②寓：寄宿。

③左右：指曾子的弟子。下文"沈犹行"亦是曾子弟子。

④民望：老百姓的榜样。

⑤负刍之祸：有个叫负刍的人作乱。

译文

　　曾子定居于武城时，有越人入侵。有人说："敌寇来攻打了，先生为何不离开武城呢？"曾子说："我只是不想让他人住在我的屋子里，毁坏那些树木。"敌寇退去后，曾子便说："把我的屋子里外修整一下，我马上要回去了。"敌寇一撤退，曾子就返回武城了。他的学生说："武城民众对待先生是那样的忠诚恭敬，而敌寇来了，先生却带头离去，为民众做了不好的榜样。现在敌寇撤退，您抢先返回，这恐怕不合适吧。"沈犹行说："这些不是你们所能明白的。过去我经历了负刍作乱的事情，跟随先生的七十个人没有一个参与平定叛乱。子思居住在卫国的时候，有齐人入侵卫国。有人说：'敌人来攻打了，为什么不离开这个地方呢？'子思说：'如果连我都弃此而去了，那国君和谁一起守城呢？'"孟子说："曾子、子思是一个道理：曾子是老师，是武城人的父亲、兄长；子思是卫国的臣属，身份低微。曾子、子思互换了位置都会这样做。"

曾子谓子思曰："昔者吾从夫子游于诸侯，夫子未尝失人臣之礼，而犹圣道不行。今吾观子有傲世主之心，无乃不容乎？"子思曰："时移世异，各有宜也。当吾先君，周制虽毁，君臣固位，上下相持，若一体然。夫欲行其道，不执礼以求之，则不能入也。今天下诸侯方欲力争，竞招英雄以自辅翼，此乃得士则昌、失士则亡之秋也。乃于此时，不自高，人将下吾；不自贵，人将贱吾。舜禹揖让，汤武用师，非故相诡，乃各时也①。"

注释

①诡：违背，相反。

译文

曾子问子思道："从前我跟随孔子游历于各国诸侯时，孔子未尝有失于作为人臣的礼节，就是这样，圣人之道也还未得到推行呢。现在我看您却有傲视当今君主的心志，这样恐怕您将为社会所不容吧？"子思说道："随着时代的变化，社会形势也会随之发生变化，各种社会形势都有适应它的方式。我祖父的那个时代，周代礼制虽然有所损毁,但君臣之间的位置关系稳定,上下相互扶持,俨然是一个整体,如果不按照礼的方式来追求道的实现,那么将不为社会所容纳。而现在诸侯各国之间都是通过国力进行斗争,竞相通过招募英雄人物来辅佐自己,这是一个获得士人的支持就会走向昌盛,而失去士人的支持就走向衰亡的时代。生逢这样的时代,如果自己不高看自己,那么别人将低看你;如果自己把自己看得尊贵些,那别人就不会轻视你。虞舜是通过禅让的方式获得君位的,而汤武则是以武力方式获得天下的,这并不是相互反其道而行之,而是因为时代不同的缘故而已。"

曾子曰:"胁肩谄笑,病于夏畦①。"

注释

① 胁肩:耸起肩来故作恭敬状。谄笑:强装笑容。病:此处指劳累。夏畦 qí:夏天灌园浇水。

译文

曾子说:"故意地耸起肩膀,谄媚赔笑,这其实比夏天灌园浇水还要劳累。"

曾子疾病，曾元抑首，曾华抱足①。曾子曰："微乎②！吾无夫颜氏之言，吾何以语女哉③？然而君子之务，尽有之矣④。夫华繁而实寡者，天也；言多而行寡者，人也。鹰隼以山为卑，而曾巢其上；鱼鳖鼋鼍以渊为浅，而掘穴其中；卒其所以得之者，饵也⑤。是故君子苟无以利害义，则辱何由至哉？亲戚不说，不敢外交；近者不亲，不敢求远；小者不审，不敢言大⑥。故人之生也，百岁之中，有疾病焉，有老幼焉，故君子思其不复者而先施焉。亲戚既殁，虽欲孝，谁为孝？年既耆艾，虽欲悌，谁为悌⑦？故孝有不及，悌有不时，其此之谓与？言不远身，言之主也；行不远身，行之本也。言有主，行有本，谓之有闻矣⑧。君子尊其所闻，则高明矣；行其所闻，则广大矣。高明广大，不在于他，在加之意而已矣⑨。与君子游，苾乎如入芝兰之室，久而不闻，则与之化矣⑩。与小人游，贷乎如入鲍鱼之肆，久而不闻，则与之化矣⑪。是故君子慎其所去就。与君子游，如长日加益，而不自知也；与小人游，如履薄冰，每履而下，几何而不陷乎哉？吾不见好学盛而不衰者矣，吾不见好教如食疾子矣，吾不见日省而月考之其友者矣，吾不见孜孜而与来而改者矣。官怠于宦成，病加于少愈，祸生于懈惰，孝衰于妻子。察此四者，慎终如始。《诗》曰：'靡不有初，鲜克有终。'"

注释

①疾病：古时小病称疾，大病称病。抑首：按头。抱足：抱脚。
②微：无，意为不必按摩。
③颜氏：指颜渊。
④务：事务。
⑤隼 sǔn：凶猛的鹰类大鸟。曾巢：增集柴木做巢。曾，通"增"。鼋 yuán：大鳖。鼍 tuó：形似蜥蜴的水生爬行动物。
⑥审：熟悉。
⑦耆艾：年老，古代称六十岁为耆，五十岁为艾。
⑧主：宗主。
⑨加，古同"架"，意为建立。
⑩苾 bì：芳香。
⑪贷：卖。

译文

　　曾子大病，他的两个儿子，其中一个曾元按着他的头，另外一个曾华抱着他的脚，以减轻他的痛苦。曾子说："不要麻烦了吧！如果不用颜回的话，我不知道还有什么要告诉你们的呢？然而君子应该去做的事情，已经基本包括在这里面了。花开繁茂而果实却寥寥无几的，这是天意吧；话说得多而做得少，这是人为的原因吧；鹰隼这样的猛禽把山看得卑下，于是增集树枝筑巢在山上；鱼鳖把深渊看得很浅，于是在里面挖洞穴作窝；但最终他们还是被人捕获，因由在于贪食饵料。由此可见，如果君子能不贪利而不会对义有所损伤的话，那么耻辱又从何而来？如果父母感到不高兴，就不敢跑到外面去和别人交欢；如果身边的人都不能亲近，那就不敢去亲近远离自己的人；如果小细节都不清楚，就不敢乱说大节。而人生百岁，要经历大小疾病、从幼小到年老的变化等，所以君子会考虑到对其中不可挽回的事情先去做。父母已经不在人世的时候，想要再尽孝道，那又能去孝顺谁呢？年纪已老，想要尊敬兄长，谁又能让自己尊敬呢？所以说，孝顺有赶不及的，敬长有不得其时的，说的就是这个吧？说的话不超出自己的认知范围，这是说话的重心；行动不超越自身该做的事情，这是德行的根本。说话有重心，行动有所依据，就可以说是对大道有所感知了。君子尊崇他所听到的大道，那他就慢慢变得德行高尚；做他所应该做的，其功业就会宽广而博大；要做到品德高明、功业广大，路径并不在其他，而取决于每个人自己的志向。和正人君子交游，就如走入放有香花香草的房间，时间久了就闻不到香味，自己已经被潜移默化。和市井小人交游，就像到鲍鱼铺去买鱼，时间久了也不觉得臭，因为已经被臭味同化了。所以君子结交朋友是非常谨慎的。和君子交游，就像白天加长了而尚不自知；和小人交游，就像踏行薄冰，每走一步，冰层都下沉一点，这怎么可能保证不陷进去呢？我尚未看到过自始至终都爱好学习而不会懈怠的人，还没有见过喜欢教育学生就像照料生病的小孩的人，还不曾见过每天能反省自我而且每个月都能被自己朋友纠正错误的人，更不曾见过孜孜不倦地随时改正自己过失的人。为官之时可能会因为政绩而有所懈怠，病人有可能会在病情有所好转时不加注意而使得病情有所加重，而祸患恰恰起源于懈怠懒散，孝心会在有了妻子儿女之后有所减弱。从这四方面看起来，做事要慎终如始呀。《诗经·大雅·荡》说道：'万事开头人人有，纵贯始终难上难。'"

守业第十

曾子曰："君子攻其恶，求其过，强其所不能，去私欲，从事于义，可谓学矣①。"

注释

①攻：祛除、治疗。求：求索，寻找。强：勉力、努力。

译文

曾子说："君子祛除自己不好的言行，寻求自己的过失，努力去学做他所不能做的事情，灭除自己的私人情欲，用以从事道义，这就可以说是善于学习了。"

曾子曰："君子爱日以学，及时以行，难者弗辟，易者弗从，唯义所在①。日旦就业，夕而自省思，以殁其身，亦可谓守业矣②。"

注释

①爱日：爱惜光阴。辟 bì：退避，躲避。弗从：不随从。
②殁：指死。

译文

　　曾子说:"君子珍惜时间用来学习,并将学到的知识运用到实践中,有困难不回避,有简易之事,也不苟从,只以是否符合道义作为标准。每天清晨起来后就按照自己所学的去做,傍晚回家后就进行自我反省,一直到自己死去的那天,这可以说是能坚守自己的学业了。"

　　曾子曰:"君子学必由其业,问必以其序①。问而不决,承间观色而复之②。虽不悦,亦不强争也③。君子既学之,患其不博也;既博之,患其不习也;既习之,患其无知也;既知之,患其不能行也;既能行之,贵其能让也。君子之学,致此五者而已矣。"

注释

①业:受业于老师。序:次序。
②承间:把握间隙。观色:看老师脸色。
③悦:心悦诚服。

译文

　　曾子说:"君子学习必定是由受业于老师开始,而如果有需要提问的地方,也要讲个先后次序,如在老师回答后依然有疑问,可在老师有空之时,观察老师的脸色再进行提问。即使老师的回答不能让自己诚服，也不和老师进行争辩。君子学有所得，又担心自己的学问不够广博；学问广博了，又担心自己不能温习；温习之后，又担心尚未完全掌握；在掌握了知识之后，又担心不能将之付诸实践；能付诸实践后，又以能逊让为贵。君子为学，能达到这五点就足够了。"

曾子曰："君子博学而孱守之，微言而笃行之，行必先人，言必后人①。君子终身守此悒悒也②。"

注释

① 孱 chán：弱小。微言：少说。笃行：坚定地付诸行动。
② 悒 yì 悒：忧虑不安。

译文

曾子说："君子学识广博但能从细微处着手，说得不多但做得很多，能做在别人的前面，而说在别人的后面。君子终生忧患，坚守这样的原则。"

曾子曰："行无求数有名，事无求数有成①。身言之，后人扬之；身行之，后人秉之；君子终身守此惮惮也②。"

注释

①数：通"速"，急促。
②扬：称道，赞扬。秉：秉持，持守。惮惮：忧愁惶恐。

译文

曾子说："当有所行动时不要急于美名，从事工作时不要急于求得有所成就。自己说过的话，后面的人就会宣扬；自己做过的事情，后面的人就会有所秉承。君子诚惶诚恐，终生坚守这样的原则。"

曾子曰："君子不绝小，不殄微也①。行自微也，不微人；人知之，则愿也；人不知，苟吾自知也；君子终身守此勿勿也②。"

注释

①不绝小：不拒小善，善虽小而不轻忽。不殄tiǎn微：义近"不绝小"。殄，绝、灭。
②勿勿：犹勉勉，黾勉努力的样子。

译文

曾子说:"君子不以善小而不为,不以恶小而为之。自己做了好事要有所隐匿,但别人做了好事则要宣扬。如果别人了解自己了,那就顺其自然;如果别人不了解自己,那自己能了解自己也可以。君子应终生努力,坚守这些原则。"

曾子曰:"君子祸之为患,辱之为畏。见善,恐不得与焉;见不善,恐其及己也。是故君子疑以终身①。君子见利思辱,见恶思垢,嗜欲思耻,忿怒思患。君子终身守此战战也②。"

注释

①疑:忧虑、害怕。
②战战:小心谨慎。

译文

曾子说:"君子所担忧的是灾祸,所害怕的是侮辱。看到好事,总是担心不得参与其中;看到不好的事情,总是担心自己会参与其中。所以君子是在忧虑中度过一生的。君子看到利益就想到可能被别人侮辱,看到不好的事情就想到可能被别人诟病,遇到嗜好贪求就想到可耻，生气发怒就想到后患，君子终其一生都战战兢兢地恪守这些原则。"

曾子曰："君子虑胜气，思而后动，论而后行，行之必思言之，言之必思复之，思复之必思无悔言，亦可谓慎矣①。人信其言，从之以行。人信其行，从之以复。复宜其类，类宜其年，亦可谓内外合矣②。君子疑则不言，未问则不言，两问则不行其难者③。君子患难除之，财色远之，流言灭之。祸之所由生自孅孅也，是故君子夙绝之④。"

注释

① 虑：思虑。气：血气。论：论定。复：兑现，实现。
② 宜：应当。类：事。年，一作"言"。
③ 两问：叩其两端而问。
④ 孅xiān孅：同"纤纤"，形容细小。

译文

曾子说："君子以思虑理性战胜血气感性，思虑之后才有所行动，论定以后才会践行，践行就会考虑对人有所言语，言语之后就会想到要兑现，想到要兑现，就会思虑那说出的事情不能有后悔的，这也可以说是非常谨慎的了。他人信任自己的话语，自己就应以行动来兑现；别人相信了自己的行为，也就会像自己一样继续坚持下去，以求言语有所实现。实现的和当时承诺的相符，就可以说内外一致了。君子有所疑虑的时候则不表达自己的意见，如果别人没有问到自己，则不表达自己的意见，叩其两端而质问推敲，选择相对可行的方法。君子能消除忧患灾难，远离财货女色，能消灭流言蜚语。祸难是由细微之处产生发展的，所以君子必须早早根绝。"

曾子曰："君子己善，亦乐人之善也；己能，亦乐人之能也。己虽不能，亦不以援人①。君子好人之为善而弗趣也，恶人之为不善而弗疾也②。疾其过而不补也，饰其美而不伐也，伐则不益，补则不改矣③。"

注释

①援：援引、引取。
②趣cù：同"促"，催促，督促。疾：急速，猛烈。
③伐：自我夸耀。益：进步。

译文

曾子说："君子自己拥有优点，也乐于别人能拥有；自己掌握才能，也乐于别人能掌握。自己没有的才能，也不会把别人的拿来当成自己的。君子喜欢别人做好事，但不会督促别人，讨厌别人干坏事，但不会强烈地表现出来。讨厌别人的过失，但自己不会帮忙补救，助增别人的长处，但不让他自我夸耀，因为自我夸耀就不会再追求进步了，如果帮忙补救过失，别人就不会想到改进。"

曾子曰："君子不先人以恶，不疑人以不信，不说人之过，成人之美①。存往者，在来者，朝有过夕改则与之，夕有过朝改则与之②。君子义则有常，善则有邻③。见其一，冀其二；见其小，冀其大；苟有德焉，亦不求盈于人也④。"

注释

①先：预先，预言。说：言说。
②存往者：既往不咎。在来者：观察后效。与：赞许。
③义则有常：行义要持之以恒。
④冀：希望。

译文

曾子说："君子不会先把别人往坏处想，也不会怀疑别人的话靠不住，不在他人面前提及第三者的过失，乐于助人成就美好的事物。对于别人的过失能既往不咎，而寄希望于未来；如果早上有过失而晚上就能改进，那就赞许；晚上有过失，第二天早上就能改进，那也要赞许。君子行义能持之以恒，为善则能想到自己的邻居。看到他人有一个好处，就希望他能发展到几个好处；见到他人有小善，就希望他能发展为大德；如果他人已拥有大德，便不再苛求别人了。"

曾子曰："君子不绝人之欢，不尽人之礼；来者不豫，往者不慎也；去之不谤，就之不赂；亦可谓忠矣①。君子恭而不难，安而不舒，逊而不谄，宽而不纵，惠而不俭，直而不径，亦可谓无私矣②。"

注释

①豫：乐。慎：怒。
②难：畏惧。

译文

曾子说："君子不断绝朋友的欢心，不要求他人对自己尽礼，有来依附者不为之高兴，有离去者不为之生气，别人弃我而去不恶言诽谤，别人接近我也不刻意拉拢，这也可以说是忠义了。君子恭敬而不畏惧，安详而不舒泰，谦逊但不谄媚，宽容但不纵容，施惠他人而不吝啬，正直而不走歪门邪道，这也可以说是无私了吧。"

曾子曰："君子入人之国，不称其讳，不犯其禁，不服华色之服，不称惧惕之言①。故曰：与其奢也，宁俭；与其倨也，宁句；可言而不信，宁无言也②。"

注释

①讳：名讳。禁：禁忌。惧惕：恐惧怵惕。
②倨：倨傲。句：通"拘"，拘束。

译文

曾子说："君子进入别的国家，不说犯忌讳的话，不做触犯禁忌的事，不穿华丽的衣服，不说让人恐惧怵惕的话。所以说：与其奢侈，不若节俭；与其倨傲，不若谦虚；与其说不一定可靠的话，宁愿不说。"

曾子曰："君子终日言，不在尤之中；小人一言，终身为罪①。君子乱言而弗殖，神言而弗致也，道远日益云，众信弗主，灵言弗与，人言不信不和②。"

注释

①尤：罪尤，过失，过错。
②弗殖：不传播。神言：神鬼等无稽的言论。弗致：不接受。弗主：不作主张。灵言：当为"虚言"，即空话。弗与：不赞成。

译文

曾子说："君子整天说话，不在罪责之中；小人一说话，终身受罪。君子对于胡言乱语不予传播，对于神怪的无稽之谈不予接受。大道离我们很远，如果众人都相信了，自己就不要另作主张，口惠而实不至的话不要赞成，别人说的不可靠的话，自己也不要去应和。"

曾子曰："君子不倡流言，不折辞，不陈人以其所能①。言必有主，行必有法，亲人必有方②。多知而无亲，博学而无方，好多而无定者，君子弗与也③。"

注释

①倡：倡导。折辞：让别人的谈话有挫折感。
②主：主张，中心内容。
③无定：没有定见。

译文

曾子说："君子不倡导流言，不让说话的人有挫折感，不在别人面前展现自己的才华。说话一定有主张，行动一定遵循规则，亲近别人一定有方法。自认为相知的人很多，却没有可以亲近之人；知识看上去很渊博，却没有努力的方向；兴趣广泛而没有坚定的志向，都是不为君子所赞许的。"

曾子曰："君子多知而择焉，博学而算焉，多言而慎焉①。博学而无行，进给而不让，好直而俭，径而好塞者，君子不与也②。夸而无耻，强而无惮，好勇而忍人者，君子不与也。亟达而无守，好名而无体，忿怒而无恶，足恭而口圣，而无常位者，君子弗与也③。巧言令色，能小行而笃，难为仁矣④。嗜沽酒，好讴歌，巷游而乡居者乎？吾无望焉耳⑤。出人不时，言语不序，安易而乐暴，惧之而不恐，说之而不听，虽有圣人，亦无若何矣⑥。临事而不敬，居丧而不哀，祭祀而不畏，朝廷而不恭，则吾无由知之矣。三十四十之间而无艺，即无艺矣。五十而不以善闻，则不闻矣。七十而无德，虽有微过，亦可以勉矣。其少不讽诵，其壮不议论，其老不教诲，亦可谓无业之人矣。少称不悌焉，耻也；壮称不德焉，辱也；老称无礼焉，罪也；过而不能改，倦也；行而不能遂，耻也；慕善人而不能与焉，辱也；弗知而不问焉，固也；说而不能，穷也；喜怒异虑，惑也；不能行而言之，诬也；非其事而居之，矫也；道言而饰其辞，虚也；无益而厚受禄，窃也；好道烦言，乱也；杀人而不戚焉，贼也⑦。人言不善而不违，近于说其言。说其言，殆于以身近之也。殆于以身近之，殆于身之矣。人言善而色莒焉，近于不说其言⑧。不说其言，殆于以身近之也。殆于以身近之，殆于身之矣。故目者，心之浮也⑨。言者，行之指也。作于中，则播于外也。故曰：以其见者，占其隐者。故曰：听其言也，可以知其所好矣。观说之流，可以知其术矣。久而复之，可以知其信矣。观其所爱亲，可以知其人矣。临惧之而观其不恐也，怒之而观其不愔也，喜之而观其不诬也，近诸色而观其不逾也，饮食之而观其有常也，利之而观其能让也，居哀而观其贞也，居约而观其不营也，动劳之而观其不扰人也⑩。"

注释

① 多知而择：多了解，择善而从。算：评价、衡量。

② 进：进取。给：捷。

③ 亟：屡次。足恭：表现出过多的恭顺。口圣：口诵圣人之言。常位：恒常之德。

④ 小行：细小的行为。笃：厚，引申为固。

⑤望：期望，指望。

⑥安易：安于简易。乐暴：乐于残暴。无若何：无可奈何。

⑦遂：成功。异虑：思虑随物变化。矫：欺诈。戚：悲伤。贼：贼害。

⑧葸 xǐ：畏惧。

⑨目者，心之浮也：眼睛是心灵的信号。浮，同"孚"。

⑩惛 hūn：迷糊，不明事理。

译文

曾子说："君子通过掌握多方面情况了解事情，再择善而从，通过广博的学习来进行选择，话多而谨慎。知识渊博但是没有德行，通过捷径进取而不讲礼让，性格正直但为人过于苛严，喜好径直行事但又有所掩饰的人，都是君子不赞许的。自我夸耀而不知羞耻，刚愎自用而无所畏惧，喜爱斗勇而不能自忍的人，君子也是不赞许的。虽然数次闻达却没有操守，爱好名声却不得体，虽然生气却表现出不讨厌，举手投足之间都表现出对圣人很恭敬，却没有持久的操守，君子也是不赞许的。花言巧语，能把小事做得很好，固执地以为如此就足够，这是达不到'仁'的境界的。喜欢买酒喝，嘴里还哼唱歌曲，每天在小巷里游逛而居住在乡间的人，这种人也是指望不上的。出入没有定时，说话颠三倒四，安于简易，乐于残暴，即使吓唬他也不感到畏惧，劝说他也不听，即使圣人在世，也是对他无可奈何的。做事的时候不恭敬认真，遇到丧事的时候心情不哀戚，祭祀的时候不敬畏，在朝廷上不恭谨，这种人我是没有办法理解的。人到三四十岁的时候还未掌握一定技艺，那就可以说他这辈子不可能掌握技艺了。如果到五十岁还没有什么好名声，这辈子也不会有什么好名声了。但七十岁的时候还没有美德可以称颂，即使犯点小过失，也还可加以劝勉。人年少时不读书，在壮年时不议论考虑事情，年老时不能教诲他人，可以说是没有建树的人。年少时不能尊敬兄长，是羞耻的；壮年时没有德行，是耻辱的；年老时却不懂礼节，是罪过；有过错却不能改进，是懈怠；做事情不能有始有终，是可耻的；羡慕善人但不能加入其中，是耻辱的；不懂却不知道询问，是顽陋的；已经解说过还是不能理解，是不通达事理的；情绪不断变化或喜或怒或哀或乐，是为物所惑；不能践行却说得头头是道，是诬妄；不是自己的事情却要据为己事，是矫情；道听途说的东西还要加油添醋，这是空谈；无益于社会而享受丰厚俸禄，是偷窃；好说烦琐的话，是混乱；杀人之后不感到悲戚，是盗贼。他人说了不好的话，自己并不去避开，那就接近于喜欢听这样的话。喜欢听这样的话，那就基本自己也靠近了这些不好的话。而自己靠近这些，就如同自己去从事所说的不好的事一样。他人在讲好话而自己容色猥琐，那就和自己不喜欢这样的话一样；不喜欢他人这样的话，那就等于自己与不好的一面靠近了，几乎就等于自己在做不善的事情了。所以说，眼睛就是心灵的窗户，话语就是行为的指南。心动出于内心，而通过外在的言行表现出来。所以说：凭借外现的东西，可以预测隐蔽的东西。又说：听一个人的说话，可以了解这个人。观察一个人的言论，可以知道这个人的心术。长久看他能否兑现自己的承诺，可以知道他的诚信程度。观察一个人所亲所爱，可以知道他的为人。把一个人放在危险境地观察他是否感到恐惧，让一个人生气来观察他是否清醒，让一个人接近女色来观察他是否会逾越礼节，让一个人吃饭喝酒来观察他是否保持常态，让一个人得到好处来观察他是否懂得相让，让一个人处在悲伤中来观察他感情是否贞正，让一个人身处贫困来观察他是否会钻营，让一个人进行劳作，来观察他是否能不打扰别人。"

曾子曰："君子之于不善也，身勿为，能也；色勿为，不可能也；色勿为，可能也，心思勿为，不可能也①。太上乐善，其次安之，其下亦能自强②。仁者乐道，知者利道。愚者从，弱者畏。不愚不弱，执诬以强，亦可谓弃民矣③。"

注释

①色：脸色。

②太上：德行最为高尚的人
③执诬以强：坚持诬妄之道而强行。

译文

曾子说："君子对于不好的事情，自己不参与，是可以做到，但在脸色上也无所表现却很难；脸色上无所表现可以做到，但要内心思虑也不为所动，是很难做到的。道德最为高尚的人以行善为乐事，次一等的人能安于行善，再次一等的人则能自强不息。仁爱之人能以从事于道为乐事，而智者则以从事于道为有益之事。愚笨的人跟从大道，弱小的人则因有所畏惧也顺从大道。不愚笨也不弱小的人，却违背大道强行，这可以说是可抛弃之人了。"

太上不生恶，其次而能夙绝之也，其下复而能改也。复而不改，殒身覆家，大者倾覆社稷。是故君子出言以鄂鄂，行身以战战，亦殆免于罪矣①。是故君子为小犹为大也，居犹仕也，备则未为备也，而勿虑存焉②。事父可以事君，事兄可以事师长，使子犹使臣也，使弟犹使承嗣也；能取朋友者，亦能取所予从政者矣③。赐与其宫室，亦犹庆赏于国也。忿怒其臣妾，亦犹用刑罚于万民也。是故为善必自内始也，内人怨之，虽外人亦不能立也。居上位而不淫，临事而栗者，鲜不济矣④。先忧事者后乐事，先乐事者后忧事。昔者天子日旦思其四海之内，战战唯恐不能乂⑤。诸侯日旦思其四封之内，战战唯恐失损之⑥。大夫士日旦思其官，战战唯恐不能胜。庶人日旦思其事，战战唯恐刑罚之至也。是故临事而栗者，鲜不济矣。君子之于子也，爱而勿面也，使而勿貌也，导之以道而勿强也。宫中雍雍，外焉肃肃，兄弟熹熹，朋友切切，远者以貌，近者以情⑦。友以立其所能，而远其所不能，苟无失其所守，亦可与终身矣。

注释

①鄂鄂：说话谨慎。战战：行身谨慎。

②勿虑：无虑。

③承嗣：长子。予：通"与"。

④鲜：很少。不济：不济事。

⑤乂：治理。

⑥封：边界，疆界。

⑦雍雍：和谐。肃肃：恭敬。熹熹：和乐。切切：劝勉。

译文

最高境界是不生恶念，其次是在生出恶念后能早早根除掉，再次是恶念重复闪现而能有所改正。如果重复闪现而未能有所改进，就会身死家破，甚至国家社稷也会因此颠覆。所以君子说话的时候非常谨慎，立身行事则战战兢兢，这大概就能免于罪尤了吧。所以君子在从事细小之事时，当作重大事情来对待，在家居处就像出任官职一样，准备好像一直都不够充分的样子，这是因为一直都存在以后不要出现补救的考虑。侍奉父母的方法可以用来侍奉君主，侍奉兄长的方法可以用来侍奉师长，派使子女就像派使臣下一样，派使弟妹就像派使自己的长子一样。能取信朋友的人，自然也能取信于官府同僚。赏赐家人，就像庆赏本国老百姓一样。对其下人臣仆发怒，也像对自己本国的老百姓用刑罚一样。所以为善先要从自己家庭开始，如果家里人都有所怨恨，那即使其他人帮忙也是不能建立牢固地位的。占据上位的人能节制情欲，处理事情能谨慎，就很少有不成功的。遇到事情先有忧患意识，那他以后就会很轻松；遇到事情如果盲目乐观，那他以后就有麻烦。以前天子天天从早到晚都在想四海之内的事情，战战兢兢，很担心不能治理好天下。诸侯天天从早到晚都在思虑自己的封地，战战兢兢，很担心封地会有所损失；士大夫则每天从早到晚都在思虑官职所在，战战兢兢，担心自己不能胜任官职；老百姓则天天从早到晚都在思虑自己的职事，战战兢兢，担心刑罚会降临自身。所以面对事情能谨小慎微的人，就很少有不成功的。君子对于自己的子女，关爱但不当面表现出来，使唤但不在容颜上表现出舍不得，以道义训导他们，而不强子女之所难。家里面一团和气，家外面恭敬肃穆，兄弟相处和乐，朋友互相劝勉，用恭敬的礼节对待远方来客，用真情来对待自己身边的人。朋友则尽力帮助他在特长方面有所建树，而避开他的短处，只要不失去持守之道，那就可以和他做一辈子的朋友了。

三省第十一

曾子曰:"吾日三省吾身①:为人谋而不忠乎?与朋友交而不信乎?传不习乎②?"

注释

①三:约数,多。
②传:老师传授的知识。

译文

曾子说:"我每天都多次反省自己:替人谋划是不是尽力了?和朋友交往是不是讲诚信了?老师讲授的知识自己是不是复习了?"

曾子有疾,召门弟子曰:"启予足,启予手①。《诗》云:'战战兢兢,如临深渊,如履薄冰②。'而今而后,吾知免夫,小子③!"

注释

①启:打开被子看。
②履:足踏。
③免:免于担忧,自己的肉身不会再受到损伤。

译文

　　曾子生病了，把自己的入门弟子召唤到床前，说道："打开被子看看我的脚、我的手，是否完好如初。《诗经·小雅·小旻》说到：'面对政局我战兢，就像面临深深渊，就像脚踏薄薄冰。'从今天开始，我知道我可以不用担忧自己不能保护自己的肉身了，你们知道吧？"

　　曾子曰："士不可以不弘毅，任重而道远①。仁以为己任，不亦重乎？死而后已，不亦远乎？"

注释

　　①弘：宽广。毅：强韧。

译文

　　曾子说："士人不可以不志存高远，意志坚强。因为他要承担的责任重大，而实现的道路却很漫长。以实现仁爱为自己的责任，不是很重大的吗？到死的时候才停止，难道不是实现的道路很漫长吗？"

　　子夏过曾子。曾子曰："入食。"子夏曰："不为公费乎？"曾子曰："君子有三费，饮食不在其中；

曾子·子思子

君子有三乐，钟磬琴瑟不在其中。有亲可畏，有妇可归，有子可遗，此一乐也；有亲可谏，有妇可去，有子可怒，此二乐也；有君可谕，有友可助，此三乐也①。少而学，老而忘，此一费也；事君有功而轻负之，此二费也；久交而中绝之，此三费也②。"

注释

①归：归嫁。遗：遗存，指传宗接代。
②负：背弃。

译文

子夏经过曾子的家门，曾子说："进来吃点东西吧。"子夏说："这不是让您破费吗？"曾子说："君子有三种可视为破费的情况，但吃饭喝酒不在其中。君子有三件乐事，欣赏钟磬琴瑟不在其中。有父母亲可以敬畏，有媳妇可以婚娶，有子女可以传宗接代，这是一件乐事；有父母亲可以劝谏，有媳妇可以休弃，有子女可以生气，这是第二件乐事；有君主可以讽喻，有朋友可以相助，这是第三件乐事。年轻的时候学习了，但年老的时候却忘记了，这是第一种破费；侍奉君主有了功劳，却轻易背叛他，这是第二种破费；与人长期交往但在中途与人断交，这是第三种破费。"

曾子谓子襄曰①："子好勇乎？吾尝闻大勇于夫子矣：自反而不缩，虽褐宽博，吾不惴焉②。自反而缩，虽千万人，吾往矣。"

注释

①子襄：曾子弟子。
②反：反省。缩：理直。褐宽博：穿宽大粗衣的贫贱之人。惴：使之惊恐。

译文

曾子对子襄说道："你崇尚勇敢吗？我曾经听夫子说过的大勇敢是：反躬自问觉得是自己没有道理，即使是面对卑贱的匹夫也不去凌辱；反躬自问觉得自己有道理，即使是面对千军万马也不退缩。"

仲尼曰："博而不学，其貌、其德敦，其言于人也，无所不信①。其骄夫人也，常以浩浩，是以眉寿②。是曾参之行也。夫孝，德之始也；悌，德之序也；信，德之厚也；忠，德之正也。参中夫四德者也，以此称之③。"

注释

①敦：敦厚。
②骄夫人：骄于人的地方。浩浩：同"皓皓"，洁白之意。
③中：符合。

译文

孔子说："知识广博无所不学，他的外表恭敬，德行敦厚；他对任何人说话，没有不信实的；他自信骄傲之处在于言行高洁，因此他长寿，这是曾参的品行。孝是德行的起始，悌是德行的发展，信是道德的加深，忠是道德的正果。曾参具有这四种品德，因此要称赞他。"

曾子曰："同游而不见爱者，吾必不仁也；交而不见敬者，吾必不长也；临财而不见信者，吾必不信也。三者在身，曷怨人？怨人者穷，怨天者无识。失诸己而反诸人，岂不亦迂哉？"

译文

曾子说："与人一起游学，而自己却不被别人喜爱，那我一定有不仁爱之处；与人交往而不被尊敬，那我一定也不够尊敬他人；面对财货而自己不被别人信任，那自己必定曾不讲信用。这三种情况发生在自己的身上，那还有什么好抱怨别人的？抱怨别人的人会穷困，抱怨天命的人属于没有见识。自己失误，反而责求别人，难道这还不迂腐吗？"

曾子后母遇之无恩，而供养不衰。及其妻以蒸梨不熟，因出之。人曰："非七出也①。"曾子曰："蒸梨小物尔，吾欲使熟而不用吾命，况大事乎？"遂出之，终身不再娶。其子元请焉，告其子曰："高宗以后妻杀孝己，尹吉甫以后妻放伯奇②。吾上不及高宗，中不比尹吉甫，庸知其得免于非乎③？"

注释

①七出：古代抛弃妻子的七条基本理由。
②高宗以后妻杀孝己：殷高宗为其后妻蛊惑，将孝己放逐以致后者死于野外。高宗，殷高宗武丁。孝己，武丁之子。尹吉甫以后妻放伯奇：尹吉甫为其后妻所骗，放逐伯奇。尹吉甫，西周宣王时期大臣。伯奇，尹吉甫之子。
③庸知：如何知道。

译文

曾子后母对待他刻薄无恩，但曾子却长期供养她。

而曾子妻子蒸梨子而蒸得不够熟时，曾子便将她休掉了。有人说："这个是不符合七出的。"曾子说道："蒸梨子是一个简单的小事，我想要让她蒸熟，她都不能遵命做好，那大事还用说吗？"于是休掉自己的妻子，而且一辈子都不再娶。他的儿子曾元提出让他再娶，曾子告诉他儿子说："殷高宗因为他的后妻把自己的儿子孝己错杀了，尹吉甫因为后妻的欺骗把自己的儿子伯奇给放逐了。我上不及殷高宗武丁，中比不上尹吉甫，怎么知道我不会犯同样的错误呢？"

曾子曰："响不辞声，鉴不辞形①。君子正一而万物皆成。夫行非为影也，而影随之；呼非为响也，而响和之；故君子功先成而名随之。"

注释

①鉴：镜子。

译文

曾子说："回声不推辞发出的声音，镜子不推辞照出事物的形体。君子纯正不杂，万事万物随之而有所成就。行为并不是因为影子的原因产生的，而影子却时刻伴随它。呼声不是为了回声才产生的，但回声却应和着它。所以君子先成就功业，名声自然会随之而来。"

曾子曰："君子有三言，可贯而佩之：一曰无内疏而外亲，二曰内身不善而怨他人，三曰患至而后呼天。"

译文

曾子说："君子有三句话，可以贯串起来佩戴在身上：第一句是说不要疏远自己身边的人，而去亲近外来的人；第二句是说不要自己不好而抱怨他人；第三句是不要等到祸患来的时候再呼天喊地的。"

曾子寝疾，病，乐正子春坐于床下，曾元、曾申坐于足，童子隅坐而执烛①。童子曰："华而睆，大夫之箦与②？"子春曰："止。"曾子闻之，瞿然曰③："呼？"曰："华而睆，大夫之箦与？"曾子曰："然。斯季孙之赐也，我未之能易也。元起易箦。"曾元曰："夫子之病革矣，不可以变，幸而至于旦，请敬易之④。"曾子曰："尔之爱我也不如彼。君子之爱人也以德，细人之爱人也以姑息⑤。吾何求哉？吾得正而毙焉斯已矣⑥。"举扶而易之，反席未安而殁。

注释

①寝疾：病倒，卧病。乐正子春：曾子弟子。曾元、曾申：曾子之子。隅：墙角。

②睆 huǎn，平整光滑的样子。箦 zé：竹席。

③瞿 jù 然：惊惧的样子。

④革 jí：通"亟"，危急。

⑤细人：小人。

⑥得正：合于正礼。

译文

　　曾子病倒在床上，病情严重，乐正子春坐在床下，曾元、曾申坐在他脚边，童仆坐在墙角，手举烛火。童仆说道："席子花纹华丽光洁，是大夫用的席子吧？"乐正子春说："住口！"曾子听到了，突然惊醒过来说："啊！"童仆又说道："席子花纹华丽光洁，是大夫用的席子吧？"曾子说："是的，这是季孙送给我的，我没有力气换掉它。曾元啊，扶我起来，把席子换掉。"曾元说："您老人家的病已很危急了，不能移动，希望能等到天亮，再让我来换。"曾子说："你爱我，还不如那个童仆爱我。君子爱人是用德行，小人爱人是姑息迁就。我现在还要求什么呢？我只盼望死得合于正礼罢了。"于是大家扶起曾子，换了席子，再把他扶回到床上，还没有放安稳，曾子就去世了。

齐大饥，黔敖为食于路，以待饿者而食之。有饿者蒙袂辑屦贸贸然来①。黔敖左奉食，右执饮，曰："嗟！来食。"扬其目而视之曰："予唯不食嗟来之食，以至于斯也。"从而谢焉，终不食而死②。曾子闻之曰："微与③！其嗟也可去，其谢也可食。"

注释

① 袂 mèi：衣袖。辑屦 jù：趿拉着鞋子。贸贸然：轻率地，不加考虑地。
② 谢：道歉。
③ 微：非，不应该。

译文

齐国出现了严重的饥荒。黔敖在路边准备好饭食，以供应路过饥民来吃。有个饥民用袖子蒙着脸，无力地拖着脚步，莽莽撞撞地走过来。黔敖左手端着食物，右手端着汤料，喊道："喂！来吃吧！"那个饥民扬眉抬眼看着他，说："我就是不接受那种带有侮辱性的施舍，才落得这般地步的！"黔敖听后追上去向饥民道歉，饥民仍然不吃，直至饿死了。曾子听到这件事后说："恐怕不该这样吧！黔敖喊他时，他觉得无礼，可以拒绝，但如果黔敖道过歉了，则可以吃。"

忠恕第十二

仲尼曰:"参乎！吾道一以贯之①。"曾子曰:"唯。"仲尼出，门人问曰:"何谓也？"曾子曰:"夫子之道，忠恕而已矣②。"

注释

①贯：贯穿、统贯。
②忠恕：孔子自己的定义为，推己及人谓之忠，己所不欲勿施于人谓之恕。

译文

孔子说:"曾参呀！我的学说贯穿着一个基本理念。"曾子说:"是。"孔子出去后，别的弟子便问曾子:"这是什么意思？"曾子道:"孔子的学说，只是忠恕两字罢了。"

曾子曰:"以能问于不能，以多问于寡，有若无，实若虚，犯而不校——昔者吾友尝从事于斯矣①。"

注释

①犯：触犯。校：计较。

译文

　　曾子说："自己有才能却请教于才能不如自己的人,自己学问广博却请教于学问不如自己的人;有学问像没学问一样,满腹知识却如空无所有;纵被欺侮,也不计较——从前我的一位朋友便曾做到这样。"

　　仲尼曰:"柴也愚,参也鲁,师也辟,由也喭①。"

注释

①柴:高柴,字子羔,孔子学生。愚:愚笨。师:颛孙师,即子张。由:仲由,即子路。喭yàn:粗鲁。

译文

　　孔子说道:"高柴愚笨,曾参迟钝,颛孙师偏激,仲由鲁莽。"

　　曾子曰:"君子以文会友,以友辅仁。"

译文

　　曾子说道:"君子以文章学问来聚会朋友,用朋友来帮助自己培养仁德。"

曾子曰:"君子思不出其位。"

译文
　　曾子说道:"君子所思考的不会超出自己的本职要求。"

曾子曰:"堂堂乎张也,难与并为仁矣①。"

注释
①堂堂:容貌之盛,高不可攀。张:子张。

译文
　　曾子说:"子张这个人总是一副高不可攀的样子,这使人很难和他一起实现仁爱的。"

曾子曰:"吾闻诸夫子,人未有自致者也,必也亲丧乎?"

译文
　　曾子说:"我听孔子说过,人平时是不会自发产生悲戚情绪的，如果产生，那就一定是父母亲去世了。"

曾子曰："吾闻孟庄子之孝也，其他可能也，其不改父之臣与父之政，是难能也①。"

注释

①孟庄子：鲁大夫孟献子之子，名速，谥号庄。

译文

曾子说："我听说过孟庄子的孝行，其他的别人倒还可以做到，他留用父亲的旧臣属，不改父亲的善政，这就很难效法了。"

孟氏使阳肤为士师，问于曾子①。曾子曰："上失其道，民散久矣②。如得其情，则哀矜而勿喜③。"

注释

①孟氏：鲁国下卿。阳肤：一般认为是曾子弟子。士师：典狱官。
②散：民心离散。一说指犯法者。
③情：情实，指犯罪的真相。

译文

　　孟氏准备让阳肤担任他的典狱官,阳肤向曾子咨询,曾子说道:"统治者已偏失正道,而民众也离心离德很久了。你假如审出犯罪的实情,应该怜悯罪犯,而不是为成功审案而高兴。"

　　曾子有疾,孟敬子问之①。曾子曰:"鸟之将死,必有悲声。君子集大辟,必有顺辞②。礼有三义,知之乎?"对曰:"不识也。"曾子曰:"坐,吾语女。君子修礼以立志,则贪欲之心不来;君子思礼以修身,则怠惰慢易之节不至;君子修礼以仁义,则忿争暴乱之辞远③。君子之所贵乎道者三:动容貌,斯远暴慢矣;正颜色,斯近信矣;出辞气,斯远鄙倍矣④。若夫置罇俎,列笾豆,此有司之事也,君子虽勿能可也⑤。"

注释

①孟敬子:鲁国大夫仲孙捷,谥敬。
②集:会,遇到。大辟:古班五刑之一,杀头。顺辞:符合礼义之辞。
③节:泛指事项。
④暴:粗暴无礼。慢:懈怠不敬。鄙:粗鄙。倍:

同"背",不合理。

⑤罇俎：借指宴会。笾豆：借指祭祀。有司：主管相关事务的小吏。

译文

曾子病了，孟敬子来慰问他，曾子说道："鸟将要死的时候，鸣叫非常悲哀；君子在面临杀头刑罚的时候，他说的话也通达。礼的作用主要有三方面,您知道吗？"孟敬子回答道："这个不清楚。"曾子说："您坐吧，我说给您听。君子修习礼教是为了树立志向，这样贪求的念头就不会产生；君子想着礼教用以修养身心，那么懈怠、简慢、轻忽的习气就不会产生；君子修习礼教以讲求仁义，则激愤、争斗、粗暴、放肆的话语就离之很远。君子接物有三方面应该注重：让自己的容貌肃穆，就可以避免别人的粗暴和怠慢；让自己看上去一本正经，就容易使人相信；说话的时候，多考虑言辞和声调，就可以避免鄙陋粗野和错误。至于安排酒宴用具、摆放祭祀礼器等礼仪的细节，自有主管人员操办，君子即使不会做也不要紧。"

公明宣学于曾子三年，不读书①。曾子曰："宣，而居参之门，三年不学，何也？"公明宣曰："安敢不学？宣见夫子之居，宫庭亲在，叱咤之声未尝至于犬马，宣悦之，学而未能；宣见夫子之应宾客，恭俭而不懈惰，宣悦之，学而未能；宣见夫子之居朝廷，严临下而不毁伤，宣悦之，学而未能②。宣悦此三者，学而未能，安敢不学而居夫子之门乎？"曾子避席谢之曰："参不及宣其学而已。"

注释

①公明宣：公明仪，春秋时鲁国人，曾子弟子。
②叱咤之声：怒叱声。

译文

公明宣向曾子求学，跟随他多年而没有认真读书，曾子问他道："公明宣呀，你在我门下求学，多年却不见你认真学习，这是什么原因呀？"公明宣说："我怎么敢不学呢？我见您住在家里，您家老人在的时候，您就是对狗、对马也不大声呵斥，我很喜欢，想学却学不到；我见老师应对宾客，恭敬谦逊而不懈怠，我很喜欢，想学却学不到；我见老师在朝堂上，对下级要求很严但不毁伤他们，我很喜欢，想学却学不到。我喜欢这三种待人处世的方式态度，但都未能学好。我怎么敢既当了您的学生而不努力学习呢？"曾子听了后，离开座席恭敬地向公明宣道歉道："学习这方面我赶不上你呀！"

曾子曰："无内人之疏，无外人之亲也，无身不善而怨人，无刑已至而呼天[1]。内人之疏而外人之亲，不亦远乎？身不善而怨人，不亦反乎？刑已至而呼天，不亦晚乎？《诗》曰：'涓涓源水，不壅不塞。毂既破碎，乃大其辐[2]。事已败矣，乃重太息。'其亡益乎！"

注释

[1] 无：同"勿"，不要。
[2] 毂 gǔ：车轮中心的凸出部位，与四周的车辐相连，车毂一旦损坏，车子就无法行驶。

译文

曾子说："不要疏远自己身边的人，而亲近外人，不要因为自己不好而抱怨他人，不要在刑罚降临时才呼天喊地的。疏远身边的人而亲近外人，不是舍近求远吗？自己不好却抱怨他人，不是违反情理的吗？刑罚降临才呼天喊地的，不是太晚了吗？有首诗歌说道：'细细的流水，不加堵塞则不断流。车毂破败，才想到增大车辐。事情已经败坏，才叹息懊悔。'这是没有什么用的！"

仲尼昼息于室，而鼓瑟焉。闵子自外闻之，以告曾子曰："向也夫子之音清激以和，沦入至道①。今也更为幽沉之声，幽则利欲之所为发，沉则贪得之所由施。夫子何所感之若是乎？吾从子入而问焉。"曾子曰："诺。"二子入问，仲尼曰："然，女言是也，吾有之。向见猫方取鼠，欲其得之，故为之音也。女二人者孰识诸②？"曾子曰："是闵子。"仲尼曰："可与听音矣。"曾子曰："是其庭可以博鼠，恶能与我歌乎③？"

注释

①向：以前。
②诸：兼词，相当于"之乎"。
③庭：通"筵"，小竹棍，这里是指唱歌时用来打拍子的短棍。

译文

孔子白天在房间里休息的时候，弹奏起了瑟。闵子在室外听到了，便告诉曾子说："以前孔子弹奏的音乐清澈、激昂而又和谐，可称得上是最高境界。今天弹奏的声音则变为幽昧、深沉，幽昧是利欲之心产生的，深沉则是由贪欲之心产生的。孔子是因为感触到了什么才弹奏出这样的乐音吧？我和你一起进去问问。"曾子说："好的。"于是两个人就进去问了，孔子发话道："是的，你们说得对！我弹奏出这样的声音是有所感触的。刚刚见猫在抓老鼠，心里希望猫能抓取，所以弹奏出这样的声音。你们两个人是谁听出来的？"曾子说："是闵子。"孔子感叹道："可以和闵子一起听音乐了。"曾子说道："唱歌的时候看着那打拍子的棍棒，心里却想着可以用它打老鼠，那怎能和我一起唱歌呢？"

曾子从仲尼于齐，齐景公以下卿之礼聘曾子，曾子固辞。将行，晏子送之，曰："吾闻之，君子遗人以财，不若善言：今夫兰之本，三年湛之以鹿醢，既成，啖之则易之匹马①。非兰之本美也，所以湛之者美矣。愿子详所湛，既得所湛，亦求所湛②。夫君子居必择处，游必择方，仕必择君。择君所以求仕，择方所以修道。吾闻反常移性者，欲也，故不可不慎也。"仲尼闻之，曰："晏子之言，君子哉！依贤者固不困，依有者固不穷焉。眩斩足而复行，何也③？以其辅之者众。"

注释

①兰之本：兰草的根。鹿醢：当作"鹿醢"，即鹿肉酱。

②湛 jiān：浸渍。

③蚿 xián：百足之虫。

译文

　　曾子跟随孔子到了齐国，齐景公想用下卿的礼数来接见曾子，曾子坚决推辞了。在他将要离开齐国的时候，晏子来为他送行，说道："我听说，君子赠人以钱财，不如赠送善言：有块长了三年的兰草根，用鹿肉酱进行浸泡，浸泡成功后，就能换一匹马。这并不是兰草根的价值大，而是浸泡它的东西价值高。愿您能明白您所浸泡的环境，如果已经明白并选择了这个环境，那就要努力在这个环境里有所收获。君子居住一定会选择好的地方，交游一定会选择好的方法，出任官职会选择好的君主。选择好的君主来求官，选择好的方法来修习大道。我听说违反常情而改变本性，是贪欲所致，所以不可不谨慎呀。"孔子听说了这件事情后，说道："晏子说的话，真配得上是君子呀！依傍贤能之士肯定不会困厄，依傍富有的人，肯定不会穷困。百足之虫即使被砍掉几只脚还能行走，原因是什么？是因为能帮助它走的脚很多。"

　　仲尼曰："以富贵下人，何人不尊？以富贵而爱人，何人不亲？众言不逆，可谓知言矣。言而众向之，可谓知时矣。"

译文

　　孔子说："以富贵的身份礼贤下人，谁人不尊重他？以富贵的身份仁爱他人，谁人不亲近他？不违逆民众的言论，可以说是知言了。自己发言而民众有响应，可以说是知道时机了。"

子思子

内　篇

天命第一

子思曰："天命之谓性，率性之谓道，修道之谓教①。道也者，不可须臾离也；可离，非道也。是故君子戒慎乎其所不睹，恐惧乎其所不闻②。莫见乎隐，莫显乎微，故君子慎其独也③。喜怒哀乐之未发谓之中，发而皆中节谓之和④。中也者，天下之大本也；和也者，天下之达道也。致中和，天地位焉，万物育焉。"

注释

①天命：天赋。率：遵循，按照。
②戒慎：警戒、谨慎。
③见 xiàn：通"现"。隐：暗处。
④中节：符合礼节、节度。

译文

子思说："人的自然禀赋称作本性，而遵循本性便称作人道，修明人道则称作教化。道这个东西是不能片刻偏离自身的，如果偏离了，就不是道了。所以君子对自己看不到的地方应该保持谨慎警惕之心，对自己以前没有听说过的话也保持恐惧之心。因为没有比暗处更能体现一个人的道德水平了，也没有比在细微之处更能反映一个人的修养水准了，所以君子在独处的时候非常谨慎。喜怒哀乐还没有抒发出来的时候，叫作中，抒发出来都符合礼制、节度的，叫作和。中是天下最大的根本；和是天下的通达之道。实现了中与和的境界，那么天地各安其位，万物便能生长繁育。"

仲尼曰："君子中庸，小人反中庸①。"君子之中庸也，君子而时中②。小人之中庸也，小人而无忌惮也③。

注释

①中庸：不偏不倚、无过与不及，叫作中；平常之理叫作庸。
②时中：随时做到中庸。
③忌惮：顾忌和畏惧。

译文

孔子说："君子讲求中庸之道，小人则背离中庸之道。"君子讲求中庸之道，是因为他随时都能做到中庸。小人对于中庸之道，则没有任何的顾忌与畏惧。

仲尼曰:"中庸其至矣乎,民鲜能久矣。"

译文

孔子说:"中庸之道是最高的境界吧,但一般民众很少能长久持守的。"

仲尼曰:"道之不行也,我知之矣,知者过之,愚者不及也①。道之不明也,我知之矣,贤者过之,不肖者不及也②。人莫不饮食也,鲜能知味也。"

注释

①知者:即智者。知,同"智"。
②不肖者:不贤达的人。

译文

孔子说:"中庸之道不能推行的原因,我已知道了,聪明的人超过了中庸,而愚笨的人则达不到。中庸之道不能昌明,我也知道其中的原因了,贤能的人超过了中庸,而才能不足的人则达不到。每个人都吃饭喝酒,但很少有人能品出当中的正味来。"

仲尼曰:"道其不行矣夫。"

译文

孔子说:"中庸之道将不获推行了吧。"

仲尼曰:"舜其大知也与!舜好问而好察迩言,隐恶而扬善,执其两端,用其中于民,其斯以为舜乎[①]!"

注释

[①]迩ěr言:浅近的话。两端:指过与不及。

译文

孔子说:"舜应该是个大智者吧!他喜好不耻下问,又善于从浅近的话语中分析其中蕴含的道理,能替别人遮隐不好的一面,而宣扬别人好的一面,在过与不及两者之间,能以折中的方式施用于民众,这就是舜之所以成为舜的原因吧。"

仲尼曰:"人皆曰'予知',驱而纳诸罟擭陷阱之中，而莫之知辟也；人皆曰'予知'，择乎中庸，而不能期月守也①。"

注释

①罟 gǔ：捕鱼的网。攫 huò：装有机关的捕兽的木笼。期 jī 月：一整月。

译文

孔子说："人们都说'我知道了'，但都被诱惑驱使而陷入罗网、木笼、陷阱中，而不知道躲避；人们都说'我知道了'，即使能选择中庸之道，却也不能持守个把月。"

仲尼曰："回之为人也，择乎中庸，得一善则拳拳服膺而弗失之矣①。"

注释

①回：颜回。拳拳：恳切的样子。服膺 yīng：接受。

译文

孔子说："颜回的为人处世，能择取中庸之道，生活中感知到一点美好就能牢记在心而不让它失去。"

仲尼曰："天下国家可均也，爵禄可辞也，白刃可蹈也，中庸不可能也①。"

注释

①均：平治。

译文

孔子说："天下国家可以实现治平，爵禄也能推辞，雪白的刀刃也敢踩上去，但要实现中庸之道则比这些还要难。"

子路问强。子曰："南方之强与？北方之强与？抑而强与①？宽柔以教，不报无道，南方之强也，君子居之②。衽金革，死而不厌，北方之强也，而强者居之③。故君子和而不流，强哉矫；中立而不倚，强哉矫；国有道，不变塞焉，强哉矫；国无道，至死不变，强哉矫④。"

注释

①抑：表选择连词，意为"还是"。而：通"尔"，第二人称代词，你。

②报：报复。

③衽 rèn：卧席。金：金属制器，如刀枪等。革：皮革制的防护器具。

④和而不流：性情平和又不随波逐流。矫：坚强的样子。塞：此处指困顿。

译文

子路问什么是强，孔子说道："你问的是南方的强吗？还是北方的强？还是你心中的强呢？以宽容柔和的方式来教化人，对于无理蛮横的行为也不伺机报复，这是南方的强，君子具有的是这种强。刀枪为枕，甲盾为席，死而无悔，这是北方的强，好强者具有这样的强。所以君子和顺而不随波逐流，这才是真正的强；保持中正而不偏不倚，这是真正的强；国家政治清平而不改自己困顿时的志向，这是真正的强；国家政治黑暗，依然至死不改其志，这是真正的强。"

仲尼曰："索隐行怪，后世有述焉，吾弗为之矣①。君子遵道而行，半涂而废，吾弗能已矣②。君子依乎中庸，遁世不见知而不悔，唯圣者能之③。"

注释

①索隐：寻求隐僻的道理。

②涂：同"途"，道路。
③见知：为别人所知。

译文

　　孔子说："寻找隐僻的歪理邪说，做一些稀奇古怪的事情，即使后世之人会为此著书立传，我也不这么做。君子按照中庸之道来决定自己的行为，半途而废，我是不会这么干的。君子遵循中庸之道，隐遁于社会，即使不为人所知也不会后悔，这只有圣人才能做到。"

鸢鱼第二

子思曰："君子之道费而隐，夫妇之愚，可以与知焉，及其至也，虽圣人亦有所不知焉；夫妇之不肖，可以能行焉，及其至也，虽圣人亦有所不能焉①。天地之大也，人犹有所憾。故君子语大，天下莫能载焉；语小，天下莫能破焉②。《诗》云：'鸢飞戾天，鱼跃于渊③。'言其上下察也。君子之道造端乎夫妇，及其至也，察乎天地④。"

注释

①费：广大。隐：精微。
②破：剖析，分开。
③鸢yuān：鹰。戾lì：至、到达。
④造端：开始。

译文

子思说："君子的大道是广大而又精微的，即使如愚笨的饮食男女，也可以获知这种道；当他们获得最高知识时，即便是圣人的智慧也会有所不及的；饮食男女虽然不贤达，也可以践行这种道，当他们践行到最高境界时，即便圣人的践行也会在某些方面不及他们。天高地大，人生于其中总有不满足的地方。所以君子说到大时，会大到整个天地也不能承载；说到小时，会小到无法再行分解。《诗经·大雅·旱麓》里说道：'老鹰展翅飞上蓝天，鱼儿摇尾跳出水潭。'说的是天上地下都能明察。君子的大道开始于夫妇之义，但当到了最高境界时，就能明察天地所蕴含的道理。"

仲尼曰："道不远人，人之为道而远人，不可以为道。《诗》云：'伐柯伐柯，其则不远①。'执柯以伐柯，睨而视之，犹以为远②。故君子以人治人，改而止。忠恕违道不远，施诸己而不愿，亦勿施于人。君子之道四，丘未能一焉：所求乎子，以事父未能也；所求乎臣，以事君未能也；所求乎弟，以事兄未能也；所求乎朋友，先施之未能也。庸德之行，庸言之谨，有所不足，不敢不勉，有余，不敢尽。言顾行，行顾言，君子胡不慥慥尔③？"

注释

①伐柯：砍伐用作斧柄的树枝。则：法则，诗中指斧柄的样板。

②睨：斜视。

③慥 zào 慥：忠厚诚实的样子。

译文

仲尼说:"大道本身是不会远离人的,如果有人践行大道却试图排斥他人,这不是践行大道所应有的做法。《诗经·豳风·伐柯》说:'砍斧柄呀砍斧柄,有了样板在眼前。'握着斧柄来砍制斧柄就不会相差很远,但如果用斜视的目光来看,两者仍会差得很远呢。所以君子会根据每个人的情况对人进行管理,只要能改进以践行大道即可。做到忠恕这两条,离大道就不远了。具体而言,就是连自己都不想做的事情,也不要施加给他人。君子所奉行的大道有四项,我一项都不能做好:要求做子女的孝顺父母,但我自己侍奉父母时却未能做到;要求别人作为臣子时对君主要尽忠,但我自己却在侍奉君主时没有做到;要求别人作为弟妹时要尊敬兄长,但我自己却没有做到;要求别人交友时要讲诚信,但我却不能做到。寻常德行的实践,寻常言谈的谨慎,都还做得不够,不敢不劝勉自己,如果做得够好,也不敢认为自己做到了极致。言谈要顾及行为,行为要顾及言谈,由此君子怎么会不忠厚诚实呢?"

子思曰:"君子素其位而行,不愿乎其外①。素富贵行乎富贵,素贫贱行乎贫贱,素夷狄行乎夷狄,素患难行乎患难②。君子无入而不自得焉,在上位不陵下，在下位不援上，正己而不求于人，则无怨[3]。上不怨天，下不尤人，故君子居易以俟命，小人行险以徼幸[4]。"子曰："射有似乎，君子失诸正鹄，反求诸其身[5]。"

注释

①素：平素。
②夷狄：泛指当时的少数民族。夷指东方的部族，狄指北方的部族。
③陵：欺凌。援：攀缘。
④尤：抱怨。俟 sì：等待。
⑤正鹄 gǔ：靶子中心部位。画在布上的叫正，画在皮上的叫鹄。

译文

子思说："君子安于其位而行事，不生非分之想。如果身处富贵就按富贵身份行事，如果身处贫贱就按贫贱身份行事，如果身处夷狄之地就按夷狄风俗行事，如果身处患难之中就按患难处境随机应变。君子在哪种情况下都能自得其所，身居上位之时不欺凌比自己低下的人，身处下位之时也不刻意巴结比自己地位高的人，对自己要求很高，但不刻意要求他人，这样就不会有所怨恨。上不抱怨天，下不抱怨别人，所以君子能居心平易地对待天命，小人却铤而走险以求得侥幸。"孔子说:"君子立身处世与射箭相似,没有射中靶心时,会反思提高自己的箭术。"

子思曰:"君子之道,辟如行远必自迩,辟如登高必自卑①。《诗》曰:'妻子好合,如鼓瑟琴。兄弟既翕,和乐且耽②。宜尔室家,乐尔妻帑③。'"仲尼曰:"父母其顺矣乎!"

注释

①辟:通"譬"。
②翕 xī:和顺,融洽。耽:沉溺。一作"湛",深厚。
③帑 nú:儿子。

译文

子思说:"君子行于大道,就像走远路必然从脚下开始,就像攀高峰必从低洼处开始。《诗经·小雅·常棣》说:'妻子情投意合,恰如琴瑟协奏。兄弟今日相会,祥和欢乐敦厚。家庭和睦美满,妻儿快乐无忧。'"仲尼说:"这样父母就会称心如意了吧!"

仲尼曰:"鬼神之为德,其盛矣乎①!视之而弗见,听之而弗闻,体物而不可遗,使天下之人齐明盛服,以承祭祀,洋洋乎如在其上,如在其左右②。《诗》曰:'神之格思,不可度思,矧可射思③?'夫微之显,诚之不可掩如此夫。"

注释

①德:功德。

②齐:同"斋"。明:洁净。盛服:即盛装。洋洋:恍恍惚惚。

③格:来临。思:语气词。度:测度。矧 shěn:何况。射 yì:通"斁",厌弃。

译文

孔子说:"鬼神的功德真是广大呀!用眼看不到,用耳听不到,却体现在万物之中而没有遗漏。使得天下人斋戒净心,穿着庄严的礼服,来进行祭祀,恍恍惚惚地好像就在头顶上,又好像是在人的左右。《诗经·大雅·抑》里说:'神明来去难预测,不知何时忽降临,怎可厌倦自遭惩?'最隐微之处即为最显明之处,真实无妄的力量是不可能被掩盖的。"

仲尼曰:"舜其大孝也与!德为圣人,尊为天子,富有四海之内,宗庙飨之,子孙保之。故大德必得其位,必得其禄,必得其名,必得其寿。故天之生物,必因其材而笃焉,故栽者培之,倾者覆之[1]。《诗》曰:'嘉乐君子,宪宪令德[2]。宜民宜人,受禄于天。保佑命之,自天申之[3]。'故大德者必受命。"

注释

[1] 材:材质、资质。笃:厚,此指厚待。
[2] 嘉乐:快乐。宪宪:盛明貌。一作"显显",显著的样子。
[3] 申:申令。

译文

孔子说:"舜应该是个大孝子吧,德行方面堪称圣人,地位方面则为天子,拥有全天下的财富,享受宗庙的祭祀,子子孙孙都保守感念他的功业。所以拥有大德的人必定能得到他的地位,得到他的爵禄,得到他的名声,得到他的长寿。所以上天生养万物,必定会根据各自的材质而进行栽培,能成才者得到培育,不能成才者就被淘汰。《诗经·大雅·假乐》:'君王冠礼行嘉乐,昭明您的好美德,德合庶民与群臣,所得福禄皆天长。保佑辅佐受天命,上天常常关照您。'所以,有大德的人必定能承受天命。"

仲尼曰:"无忧者其惟文王乎[1]!以王季为父,

以武王为子②。父作之，子述之③。武王缵大王、王季、文王之绪，壹戎衣而有天下，身不失天下之显名，尊为天子，富有四海之内，宗庙飨之，子孙保之④。武王末受命，周公成文、武之德，追王大王、王季，上祀先公以天子之礼。斯礼也，达乎诸侯大夫及士庶人。父为大夫，子为士，葬以大夫，祭以士。父为士，子为大夫，葬以士，祭以大夫。期之丧，达乎大夫⑤。三年之丧，达乎天子，父母之丧，无贵贱一也。"

注释

①文王：周文王，姓姬名昌。

②王季：名季历，文王之父。武王：周武王，姓姬名发，文王之子。

③作：作为。述：继承发挥。

④缵：继承。大王：即太王，古公亶父。绪：绪业。壹戎衣：用军事手段一举攻灭殷商。衣，通"殷"。

⑤期：周年。

译文

孔子说："这个世界上没有忧虑的人，当属周文王了吧！王季是他的父亲，周武王是他的儿子。父亲为他开辟道路，儿子继承他的事业。武王继承了太王、王季、文王的未竟事业，对殷商一战而拥有了天下，自身不失显赫的声名，贵为天子，占有四海之内的财富，死后在宗庙享受祭祀，子孙感念保守他的祭祀。武王在晚期接受天命，周公继承并成就了文王、武王的大德，追封太王、王季为王，对自己祖先以天子之礼进行祭祀。这种礼教，传遍诸侯、士大夫及庶人。如果父亲是大夫，而儿子只是士人，则以大夫规格举办葬礼，而以士人之礼进行祭祀。如果父亲是士人，而儿子为大夫，则以士人规格举办葬礼，以大夫之礼进行祭祀。大夫应该为父母守丧一年，天子则应为父母守丧三年，为父母守丧的礼数没有贵贱之分，都是一样的。"

仲尼曰："武王、周公其达孝矣乎①！夫孝者，善继人之志，善述人之事者也。春秋修其祖庙，陈其宗器，设其裳衣，荐其时食②。宗庙之礼，所以序昭穆也；序爵，所以辨贵贱也；序事，所以辨贤也；旅酬下为上，所以逮贱也；燕毛，所以序齿也③。践其位，行其礼，奏其乐，敬其所尊，爱其所亲，事死如事生，事亡如事存，孝之至也。郊社之礼，所以事上帝也；宗庙之礼，所以祀乎其先也。明乎郊社之礼，禘尝之义，治国其如示诸掌乎④？"

注释

①达孝：通达之孝，即为天下人所共同承认的孝。

②裳衣：上衣称衣，下衣称裳，此指先祖穿过的衣服。荐：进献。时食：时令食品。

③昭穆：始于周武王的一种宗法制度，宗庙中列祖列宗神主排列的次序，始祖神主居中，以下父子按左昭右穆的顺序排列，其内涵极为复杂。序事：记录人的事迹。燕：通"宴"。毛：毛发颜色，此处指按照毛发颜色区分年龄长幼次序。

④禘dì：天子在宗庙举行的隆重祭礼。示：通"视"。

译文

孔子说："周武王、周公旦可以说是真正理解什么是孝呀！孝，就是善于继承先人的遗志，善于接续先人的事迹。每年都能修葺祖庙，陈列各种祭祀的礼器，摆设先人曾经穿过的衣服，进献时令食物为供品。所谓宗庙之礼，是为了排列行辈的大小；排列爵位，则是为了分别贵贱不同；排列事迹，是为了辨别贤愚；祭祀后，众人轮流敬酒，是为了自下而上地将先人的恩惠普施于地位低贱者；宴请按照毛发颜色安排座次，是为了区分年龄的大小。每人各就其位，行其礼，吹奏相关音乐，来敬奉他们尊敬的人物，热爱他们亲近的人物，侍奉亡者犹如侍奉生者，侍奉亡故之人就像侍奉在世之人一样，这是孝道的最高境界。祭天之礼，是为了侍奉上帝；宗庙之礼，是为了纪念先祖。清楚了祭天之礼、宗庙之礼和禘尝之礼的意义，那治理国家不就像观看掌心的事物一样容易了吗？"

哀公问政，仲尼曰："文武之政，布在方策①。其人存则其政举，其人亡则其政息。人道敏政，地道敏树②。夫政也者，蒲卢也③。故为政在人，取人以身，修身以道，修道以仁。仁者，人也，亲亲为大。义者，宜也，尊贤为大。亲亲之杀，尊贤之等，礼所生也④。在下位不获乎上，民不可得而治矣。故君子不可以不修身，思修身不可以不事亲，思事亲不可以不知人，思知人不可以不知天。天下之达道五，所以行之者三⑤。曰：君臣也，父子也，夫妇也，昆弟也，朋友之交也。五者，天下之达道也。知、仁、勇，三者，天下之达德也。所以行之者，一也。或生而知之，或学而知之，或困而知之。及其知之，一也。或安而行之，或利而行之，或勉强而行之。及其成功，一也。"

仲尼曰："好学近乎知，力行近乎仁，知耻近乎勇。知斯三者，则知所以修身；知所以修身，则知所以治人；知所以治人，则知所以治天下国家矣。凡为天下国家有九经⑥：曰修身也，尊贤也，亲亲也，敬大臣也，体群臣也，子庶民也，来百工也，柔远人也，怀诸侯也。修身则道立，尊贤则不惑，亲亲则诸父昆弟不怨，敬大臣则不眩，体群臣则士之报礼重，子庶民则百姓劝，来百工则财用足，柔远人则四方归之，怀诸侯则天下畏之⑦。齐明盛服，非礼不动，所以修身也。去谗远色，贱货而贵德，所以劝贤也。尊其位，重其禄，同其好恶，所以劝亲亲也。官盛任使，所以劝大臣也。忠信重禄，所以劝士也。时使薄敛，所以劝百姓也。日省月试，既禀称事，所以劝百工也⑧。送往迎来，嘉善而矜不能，所以柔远人也。继绝世，举废国，治乱持危，朝聘以时，厚往而薄来，所以怀诸侯也。凡为天下国家有九经，所以行之者一也。凡事豫则立，不豫则废。言前定则不跲，事前定则不困，行前定则不疚，道前定则不穷。在下位不获乎上，民不可得而治矣。获乎上有道，不信乎朋友，不获乎上矣。信乎朋友有道，不顺乎亲，不信乎朋友矣。顺乎亲有道，反诸身不诚，不顺乎亲矣。诚身有道，不明乎善，不诚乎身矣。诚者，天之道也。诚之者，人之道也。诚者不勉而中，不思而得，从容中道，圣人也。诚之者，择善而固执之者也。博学之，审问之，慎思之，明辨之，笃行之。有弗学，学之弗能，弗措也；有弗问，问之弗知，弗措也；有弗思，思之弗得，弗措也；有弗辨，辨之弗明，弗措也；有弗行，行之弗笃，弗措也⑨。

人一能之，己百之；人十能之，己千之。果能此道矣，虽愚必明，虽柔必强。"

注释

①布：陈列。方策：指文献典籍。

②敏：勉力，用力，致力。

③蒲卢：芦苇。

④杀 shài：减少，降等。

⑤达道：通达之道。

⑥九经：九条准则。经，准则。

⑦眩：迷乱。

⑧既 xì 廪：薪水粮食。既，通"饩"，供给人的谷物或饲料。称事：与百工事业的实绩相称。

⑨弗措：不放下。

译文

　　鲁哀公向孔子咨询如何处理政事，孔子说："周文王、周武王的政令，都记载于典籍之中。他们在世时政令能推行；他们去世后政令也随之废弛了。治理民众主要在勤于政事，治理土地主要在勤于种植。那政令的好坏产生的效果就像土地对于芦苇的生长一般。所以政事管理成功的关键在于人的因素，而要获得贤能之人，关键在于自身因素，要用道来修养自身，而修道的关键在于仁爱。仁，即爱人的意思，亲爱自己亲族为大仁。义，即适宜的意思，尊重贤能之人是大义。亲爱自己亲族是有亲疏之分的，尊重贤能之人也是有等差之别的，这是礼教产生的基础。如果下位之人不能获得在上位之人的关心爱护，那么他们就很难治理了。所以君子是一定要修养身心的，而想要修养身心的人就不能不考虑如何侍奉自己的亲人，而考虑侍奉自己的亲人就要做到知晓人道，而要知晓人道就不能不知晓天道。天下人共有的伦常关系有五项，用来处理这五项伦常关系的德行有三种。五项伦常关系是：君臣之道、父子之道、夫妇之道、兄弟之道、朋友交往之道。这五项伦常关系，是天下通达之道。智、仁、勇，是天下三大德行。在保证践行方面，三大德行的宗旨是一致的。对于五伦和三德，有的人生来就了解，有的人则要通过学习才知道，有的人是在经历困顿迷惑之后才知道。待到他们都知道了，其效果其实是一样的。对于伦常关系的实践，有的人自觉自愿去做，有的人是因利益去做，有的人是勉为其难地做，等到他们有所成功的时候，其实也是一样的。"

孔子又说："喜欢学习就接近于智慧，努力实行就接近于仁义，知道羞耻就接近于勇敢。知道这三条，就知道用来修养自身的规则；知道修养自己的规则，就知道如何去治理他人；知道如何去治理他人，就知道如何去治理天下和国家了。治理国家天下有九条准则，分别是：修养自身、尊敬贤能、亲爱亲族、敬重大臣、体贴群臣、爱民如子、招徕工匠、怀柔远客、抚爱诸侯。修养自身则正道自然确立；尊敬贤能则不会困惑无措；亲爱亲族则叔伯兄弟都不会有所怨恨；敬重大臣则遇事不会迷乱；体贴群臣则士人的回报也将很丰厚；爱民如子则百姓会因此深受劝勉；招徕工匠则日常用品足用；怀柔远客则四方的人们都会来归顺；爱抚诸侯则整个天下的人都会敬畏。斋戒时净心虔诚，穿着庄重整齐的服装，不合礼教的不妄动，这些是用来修养自身的；摒弃谗言，疏远女色，看轻财货而以德行为贵，则是用来劝进贤人的；尊重亲族的地位，丰厚亲族的俸禄，和他们同爱共憎，是用来劝勉亲族的；提升官职，提供更多的官员以供调用，是用来敬重大臣的；真心诚意地任用他们，忠信待人、增加俸禄，是用来体恤群臣的；让百姓承担劳役但不耽误农时，少收赋税，是用来表现爱民如子的；经常视察考核，按劳付酬，是用来招纳工匠的；送往迎来，嘉奖善举，救济有困难的人，是用来优待远客的；延续绝后的家族，兴举灭亡的国家，治理祸乱，扶持危难，按时接受朝见，赠送丰厚，纳贡菲薄，是用来安抚诸侯的。总而言之，治理天下国家有九条原则，但实行的方法却是一样的。做任何事情如果有所预备，则会成功，没有预备则会失败。讲话如有所准备，则不会中间停断；做事如也有所准备则不会遭遇困顿；行动前如有所准备则到时不会有后悔的情况发生；走路前如能有所准备则不会陷入困境。如果在下位的人不能获得在上位之人的关心爱护，那么老百姓就很难治理。而要获得上位之人的关心爱护是有方法的，如果和朋友交往不能取信，那自然也很难获得上位之人的关心爱护。取信朋友是有方法的，不孝顺父母，就不能取信于朋友；孝顺父母也是有方法的，不能如实进行自我反思的人，就不能孝顺父母；使自己能如实反思也是有方法的，不能明白什么是善，就不能使自己如实进行反思。真诚是上天的大道，追求诚，是做人的大道。真诚的人，不用劝勉就能符合为诚之道，不用思考就能获得为诚之道，从容行动之间就符合为诚之道，这是圣人吧。真诚的人，选择美好目标执着地坚守。广泛学习，详细询问，周密思考，明辨是非，笃实践行。要么不学习，学习而没有掌握则决不放弃；要么不询问，询问之后还不明白则决不放弃；要么不思考，思考了没有掌握则决不放弃；要么不分辨，分辨了而不明晰则决不放弃；要么不实行，实行不够笃实则决不放弃。别人一次努力就能做到的，我用百次的努力去做；别人用十次努力做到的，我用千次的努力去做。果真能够做到这样，即使自己愚笨也可以聪明起来，即使自己本来柔弱也可以刚强起来。"

诚明第三

子思曰："自诚明谓之性，自明诚谓之教①。诚则明矣，明则诚矣。"

注释

①自：从，由。明：明白。

译文

子思说："由内心真诚而至明白事理，这个称作先天禀赋；由明白事理而至内心真诚，这个称作后天教育。内心真诚则自然明白事理，明白事理则内心自然真诚。"

子思曰："唯天下至诚为能尽其性；能尽其性，则能尽人之性；能尽人之性，则能尽物之性；能尽物之性，则可以赞天地之化育；可以赞天地之化育，则可以与天地参矣①。"

注释

①尽其性：充分发挥本性。赞：赞助。化育：化生养育。参：同"三"。

译文

  子思说:"唯有天下至为真诚的人能尽情发挥他的本性;能尽情发挥自己的本性,则能帮助别人尽情发挥本性;能帮助别人尽情发挥本性,就能帮助其他物种尽情发挥本性;能帮助其他物种尽情发挥本性,那么就可以赞助天地化生养育之功了;能赞助天地化生养育,那他就能和天地并列为三。"

  子思曰:"其次致曲,曲能有诚,诚则形,形则著,著则明,明则动,动则变,变则化,唯天下至诚为能化[1]。"

注释

  [1]致曲:致力于某一方面。曲,偏。形:形之于外。动:感动。

译文

  子思说:"比自诚明差一等的人则能致力于某一方面,在这一方面能做到真诚,真诚则会有所体现,有所体现则会进而显著,显著则会彰明,彰明则能感动他人,感动他人则会有所变化,有所变化则能化育,唯有天下至为真诚的人能化育。"

子思曰："至诚之道，可以前知：国家将兴，必有祯祥；国家将亡，必有妖孽①。见乎蓍龟，动乎四体②。祸福将至，善必先知之，不善必先知之，故至诚如神。"

注释

①祯zhēn祥：吉祥的预兆。妖孽：草木之类称妖，虫豸之类称孽。

②见：通"现"。蓍shī龟：蓍草和龟甲，用来占卜。四体：手足，指动作仪态。

译文

子思说："至为真诚的大道是可以用来预知后事的：国家将要兴盛，则必定会有吉祥的瑞兆；国家将要衰亡，则一定会有不祥的反常现象。这些都会在占卜上有所体现，会在举手投足间有所反映。祸福将要降临时，福可先行预知，祸也能先行预知，所以至为真诚之道就像神灵般微妙。"

子思曰："诚者自诚也，而道自道也①。诚者，物之终始，不诚无物，是故君子诚之为贵。诚者，非自成己而已也，所以成物也。成己，仁也；成物，知也。性之德也，合外内之道也，故时措之宜也②。"

注释

①自道：自我引导。道，同"导"。
②外内之道：成己为内，成物为外。时措之宜：诚是随时适宜的。

译文

　　子思说："真诚是自我追求真诚，而道则是自我的引导。真诚贯穿着万事万物的始终，如果没有真诚就没有万事万物，所以君子以真诚为贵。追求真诚，不是仅仅实现自我的完善就可以了，还要以之来完善世界。完善自己是实现了仁爱；完善世界，则是智慧。仁爱和智慧都源于本性之德，融合完善自我和世界的准则，所以在任何时候施行都是适宜的。"

　　子思曰："故至诚无息，不息则久，久则征，征则悠远，悠远则博厚，博厚则高明①。博厚所以载物也，高明所以覆物也，悠久所以成物也。博厚配地，高明配天，悠久无疆②。如此者，不见而章，不动而变，无为而成。天地之道，可一言而尽也③。其为物不贰，则其生物不测。天地之道，博也，厚也，高也，明也，悠也，久也。今夫天，斯昭昭之多，及其无穷也，日月星辰系焉，万物覆焉④。今夫地一撮土之多，及其广厚，载华岳而不重，振河海而不泄，万物载焉⑤。今夫山一卷石之多，及其广大，草木生之，禽兽居之，宝藏兴焉⑥。今夫水一勺之多，及其不测，鼋鼍蛟龙鱼鳖生焉，货财殖焉。《诗》云：'维天之命，於穆不已⑦。'盖曰天之所以为天也。'於乎，不显文王之德之纯⑧。'盖曰文王之所以为文也，纯亦不已。"

注释

①息：止息，间断。征：征验。
②疆：疆界，尽头。
③一言：一字，即"诚"。
④昭昭：光明。
⑤华岳：华山。振：通"整"，整治，约束，容纳。
⑥一卷quán石：一块拳头大的石头。卷，通"拳"。
⑦於wū：语气词，同"呜"，表示赞叹。穆：肃穆。
⑧不pī：通"丕"，大。纯：纯一不杂。

译文

子思说："所以，至为真诚是没有止息的，因为没有止息所以才能长久，时间长久则能有所征验，有所征验就会悠远，而悠远则会广博淳厚，广博淳厚则高大光明。广博淳厚是用来承载万物的，高大光明是用来覆照万物的，时间悠远是用来生成万物的。广大淳厚可以与地相匹配，高大光明可以与天相匹配，而时间悠久则是没有尽头的。这样的话，不用自我展现就会有所彰显，不用自我行动就能有所变化，无所作为就能有所成就。天地之间的法则，一个字就可以完整概括——诚。天地作为一种存在是诚一不二的，而生养的万物则多得不可估量。天地之间的准则，是广博、淳厚、高大、光明、悠远、长久。现在我们所说的天，是一点点光明累积起来的，但能无穷无尽，日月星辰系挂在它之上，万物都由它覆照。现在所说的地，只不过是一撮撮土累积起来的，但它却广大淳厚，能承载华山而不感觉沉重，容纳江河湖海而不会泄露，世间万物都由它承载着。现在我们看到的山，就是一个个拳头大小的石头累积起来的，但它却能广大到：花草树木在它上面生长，飞禽走兽在它上面居住，各种宝藏在它那里生成。现在看到的江河等水体是一勺勺累积起来的，却深不可测，鼋鼍蛟龙鱼鳖等都在里面生长，各种财富也在它里面繁殖。《诗经·周颂·维天之命》说：'是那上天天命所归，多么庄严啊没有止息。'说的大概是天之所以能为天的原因吧。《诗经·周颂·维天之命》又说：'多么庄严啊光辉显耀，文王的品德纯正无比。'说的大概是周文王之所以庙号为文的原因吧，他的品德是纯正不尽的。"

子思曰："大哉圣人之道，洋洋乎发育万物，峻极于天，优优大哉[1]！礼仪三百，威仪三千，待其人而后行[2]。故曰：苟不至德，至道不凝焉[3]。故君子尊德性而道问学，致广大而尽精微，极高明而道中庸[4]。温故而知新，敦厚以崇礼。是故居上不骄，为下不倍。国有道，其言足以兴；国无道，其默足以容[5]。《诗》曰：'既明且哲，以保其身[6]。'其此之谓与！"

注释

[1]峻极：高峻到极点。优优：充足有余。
[2]礼仪：指经礼，古代礼节的主要规则。威仪：指曲礼，古礼中的动作规范及待人接物的礼仪。
[3]凝：凝聚，引申为成功。
[4]问学：询问，学习。
[5]容：容身，指保全自己。
[6]哲：明了事理。

译文

子思说："圣人的道真是广大呀！生养万物浩瀚无边，与上天一样高峻，充足有余！主要的礼仪有三百则，细小的礼节则有三千则，这些都是在有了圣人之后才施行的吧。所以说：如果没有至为高尚的德行，极致之道也是凝聚不起来的。所以君子尊重道德修养心性，而且热爱学习，既能学识广博，又能钻研精微细致的学问，极为高明而又讲求中庸之道。温习旧知识而能获得新知识，笃厚诚实而又崇尚礼仪。所以当身处高位时不倨傲，当身处下位之时也不违背道德。国家政治清明时，他的言论足以使国家走向兴盛；国家政治黑暗无道，则保持沉默以求保全自我。《诗经·大雅·烝民》说：'既明事理又聪慧，善于应付保自身。'大概是说这个吧！"

仲尼曰："愚而好自用，贱而好自专，生乎今之世，反古之道，如此者，灾及其身者也①。非天子不议礼，不制度，不考文②。今天下车同轨，书同文，行同伦。虽有其位，苟无其德，不敢作礼乐焉。虽有其德，苟无其位，亦不敢作礼乐焉。"

注释

①自用：自以为是，即刚愎自用的意思。自专：独断专行。
②制度：制订法度。考文：考订文字规范。

译文

孔子说："愚笨而又好刚愎自用，身份低贱又好独断专行，生活在当今这个时代，却一心要返回到古时去，这样的人，早晚灾祸会降临到他身上的。不是天子就不要议订礼仪制度，不要制作法度，不要考订文字。当今天下车子轮距一致，书写的文字统一，行为伦理规范相同。即使有相应的身份地位，如果德行修炼不够，也不敢制礼作乐。即使德行修炼够了，如果没有相应的身份地位，也不敢制礼作乐。"

仲尼曰："吾说夏礼，杞不足征也；吾学殷礼，有宋存焉；吾学周礼，今用之，吾从周①。"

注释

①杞：国名，武王灭商之后，分封夏禹后裔于杞。宋：国名，周武王灭商后，分封商汤后裔微子于宋。

译文

孔子说："我喜欢夏代的礼法，但杞国不足以征验；我学习殷商的礼法，宋国还有所保存；我学习周礼，现今还在施行，所以我遵从周代礼法。"

子思曰："王天下有三重焉，其寡过矣乎①？上焉者，虽善无征，无征不信，不信民弗从。下焉者，虽善不尊，不尊不信，不信民弗从。故君子之道本诸身，征诸庶民，考诸三王而不缪，建诸天地而不悖，质诸鬼神而无疑，百世以俟圣人而不惑②。质诸鬼神而无疑，知天也；百世以俟圣人而不惑，知人也。是故君子动而世为天下道，行而世为天下法，言而世为天下则。远之则有望，近之则不厌。《诗》曰：'在彼无恶，在此无射。庶几夙夜，以永终誉③。'君子未有不如此，而蚤有誉于天下者也④。"

注释

①三重：指上文所说的礼仪、制度、文字规范。
②缪miù：通"谬"，谬误。质：质询。
③庶几：希望。夙夜：早晚。
④蚤：通"早"。

译文

　　子思说："称王天下要议订礼仪制度、制作法度、考订文字，这样过失就能很少吧？圣王在上，虽然三方面都做得好，却不能征验，不能征验则不可取信，不可取信则民众不信从。圣人在下，虽然也能在这三方面做得好，但地位不尊，也不足以取信，不能取信则民众也不信从。所以君子的道义是基于自身，但在一般民众身上获得征信，考证夏商周三代都是没有谬误的，立于天地之间而不悖乱，质询于鬼神也没有疑问，即使百代之后圣人审议也不会有困惑的地方。质询于鬼神而能没有疑问，这是知道天理了；百代之后圣人审议也没有困惑的地方，是知道人道了。所以君子的举动世世代代可为天下人作向导，行为可以世世代代为天下人所遵循，言论则可以世世代代成为天下人的准则。在远方的人那里有声望，在身边的人那里则不会被讨厌。《诗经·周颂·振鹭》说：'在那宋地没人厌，在这周地受称扬。谨慎勤勉日复夜，美名荣誉永辉煌。'不存在君子还没有这样做，就早早地获得满天下声誉的。"

子思曰："仲尼祖述尧舜，宪章文武，上律天时，下袭水土，辟如天地之无不持载，无不覆帱，辟如四时之错行，如日月之代明①。万物并育而不相害，道并行而不相悖。小德川流，大德敦化，此天地之所以为大也②。"

注释

①祖述：远宗。宪章：近效。律：顺应，符合。袭：因袭。覆帱 dào：覆盖。错行：交错运行。代明：循环变化。
②敦化：敦厚化育。

译文

子思说："孔子往前效法尧舜，近处效法周文王、周武王，上能遵循天时，下能因袭水土，就像天地一样，没有什么不能承载的，没有什么不能覆盖的，就像一年四季的交替运行，就像日月交替光明。万物一并生长而不会相互妨害，两条道路互相并行而不会冲突。小的德行就像河流一样不停息，大的德行则能敦厚化育万物，这就是天地之所以伟大的地方。"

子思曰："唯天下至圣，为能聪明睿知，足以有临也；宽裕温柔，足以有容也；发强刚毅，足以有执也；齐庄中正，足以有敬也；文理密察，足以有别也①。溥博渊泉而时出之，溥博如天，渊泉如渊。见而民莫不敬，言而民莫不信，行而民莫不说②。是以声名洋溢乎中国，施及蛮貊，舟车所至，人力所通，天之所覆，地之所载，日月所照，霜露所队，凡有血气者莫不尊亲，故曰配天③。"

注释

① 睿 ruì：思想敏锐。临：居上临下。执：操持决断。文理：条理。密：详细。察：明辨。
② 溥：普遍，辽阔。
③ 蛮：南方少数民族。貊 mò：北方少数民族。队 zhuì：通"坠"，降落。

译文

子思说:"唯有天下至为圣明的人,才是聪明睿智的,其智慧足以下鉴民众;宽厚大量、温和柔顺,足以包容天下;发奋勇健、刚直坚毅,足以操持决断天下之事,整齐端庄、忠诚正直,足以获得尊敬;条理清晰,足以详辨明察。圣人之德广博深厚,不时会表现出来,广博就如上天,深厚就像深渊。圣人的德行有所展现,则民众没有不崇敬的;有所言论,民众没有不信从的;有所行动,民众没有不心悦诚服的。所以他的名声在中国大地上广泛传播,甚至流传到边远少数民族地区,只要行舟坐车可到达的,人力所能通达的,天能覆盖的,地所承载的,日月所能照耀的,雨水霜露所能沾润的,诸如这些地方,只要尚有血气之人没有不尊崇、亲近他的,所以说可以与上天相匹配。"

子思曰:"唯天下至诚,为能经纶天下之大经,立天下之大本,知天地之化育①。夫焉有所倚?肫肫其仁,渊渊其渊,浩浩其天②。苟不固聪明圣知达天德者,其孰能知之?"

注释

①经纶:本义是整理丝缕,引申为治理。经,纺织

的经线，引申为常道、法规。

②肫zhūn肫：与"忳忳"同，诚恳的样子。渊渊：深沉的样子。

译文

子思说："唯有天下至为真诚之道，才能为治理天下的重大纲常，为建立天下的最大根本，为了解天地化育万物的道理。那至诚之道依靠的是什么呢？他的仁心如此恳切，思虑如此幽深，胸怀如此广阔。如果不是真聪明圣智，能通达上天美德的人，还有谁能知道这个呢？"

子思曰："《诗》曰'衣锦尚䌹'，恶其文之著也①。故君子之道暗然而日章，小人之道的然而日亡②。君子之道淡而不厌，简而文，温而理，知远之近，知风之自，知微之显，可与入德矣。《诗》云：'潜虽伏矣，亦孔之昭③。'故君子内省不疚，无恶于志。君子之所不可及者，其唯人之所不见乎！《诗》云：'相在尔室，尚不愧于屋漏④。'故君子不动而敬，不言而信。《诗》曰：'奏假无言，时靡有争⑤。'是故君子不赏而民劝，不怒而民威于铁钺⑥。《诗》曰：'不显惟德，百辟其刑之⑦。'是故君子笃恭而天下平。《诗》曰：'予怀明德，不大声以色。'仲尼曰：'声色之于以化民，末也。'《诗》曰：'德辖如毛⑧。'毛犹有伦⑨。'上天之载，无声无臭'，至矣。"

注释

①䌹 jiǒng：同"褧"，用麻布制的罩衣。文：纹采。
②章：彰显。的 dì 然：鲜明，显著。
③孔：很。昭：明显。
④相：看。屋漏：指古代室内西北角设小帐的地方，相传是神明所在，所以这里是以屋漏代指神明。
⑤奏假 gé：祈祷。靡：没有。
⑥铁钺 fǔyuè：古代执行军法时用的大斧。
⑦辟 bì：诸侯。刑：通"型"，效法。
⑧德辖 yóu 如毛：德行轻如鸿毛。辖，指古代一种轻便车，引申为轻。
⑨伦：比。

译文

子思说："《诗经·卫风·硕人》说'麻纱罩衫锦绣裳'，这是不喜欢衣服色彩过于鲜明。所以君子之道看似黯淡，不显山露水，却日益彰明，小人之道看上去展露无遗却日渐消亡。君子之道虽然平淡但不让人生厌，简洁而有文采，温和而有条理，知道远方是由近处开始，知道风向从何而来，知道隐微会走向显明，这就可以进入道德的境界了。《诗经·小雅·正月》说：'即使深藏不敢动，水清照样看得真.'所以君子经常自我反省,而不会有悔恨产生,不会有不良念头藏于内心。君子之所以为他人所不能比,是因为那些为人所看不到的东西决定的吧。《诗经·大雅·抑》说:'看你独自处室内,做事无愧于神明。'所以君子就是无所作为,也能让人恭敬,无所言语,也能让人信从。《诗经·商颂·烈祖》说:'众人祷告不出声,没有争执很庄重。'所以君子即使对民众没有奖赏,民众也会受到劝勉,没有表现愤怒,民众也会感受到刑罚的威严。《诗经·周颂·烈文》说:'先王之德光耀天下,诸侯效法蔚然成风。'所以君子笃实恭敬而使天下太平。《诗经·大雅·皇矣》说:'你的德行我很欣赏,不要看重疾言厉色。'仲尼说:'用疾言厉色来教化民众,这是下策。'《诗经·大雅·烝民》说:'德行如同毛羽轻。'即使轻如毛发的东西也是有物可以进行比较的。《诗经·大雅·文王》说:'上天行事总是这样,没声音没气味可辨。'这是至善的境界啊!"

外 篇

无忧第四

仲尼闲居，喟然而叹①。子思再拜请曰："意子孙不修，将忝祖乎②？羡尧舜之道，恨不及乎？"仲尼曰："尔孺子安知吾志？"子思对曰："伋于进善，亟闻夫子之教。其父析薪，其子弗克负荷，是谓不肖③。伋每思之，所以大恐而不懈也。"仲尼忻然笑曰④："然乎？吾无忧矣，世不废业，其克昌乎！"

注释

① 喟然：叹息的样子。

② 忝 tiǎn：辱没，谦词。

③ 析：劈，劈木头。薪：木柴。

④ 忻 xīn：心喜。

译文

孔子闲居在家，失声感叹。子思上前拜了两次后，请教道："您是担心子孙不上进，将辱没祖先？还是羡慕尧舜之道，遗憾自己不能达到呢？"孔子说道："你一个小孩子怎么知道我的志向？"子思回答道："我对于上进向善这些问题，经常听到您的教诲。如果父亲劈柴，儿子不去抱柴，这就是不孝顺。我经常思考这个问题，由此一直战战兢兢，不敢稍有松懈呢。"孔子高兴地笑道："是这样吗？那我就没有什么好担忧的，我们世代将不会废止祖业，大概会走向昌盛吧。"

子思问于仲尼曰："物有形类，事有真伪，必审之，奚由？"仲尼曰："由乎心，心之精神是谓圣区，推数究理，不以物疑。周其所察，圣人难诸？"

译文

子思问孔子道："万物都有自己的形态种类，万事也有真伪之分，一定要认真分析。那应该怎么进行分析呢？"孔子说道："用心分析吧。心的精神是圣明之区，可以推求事物的命数和规律，可以探究万物的本质，而不会被万物表象所迷惑。全面考察认识对象，圣人还会觉得这有困难吗？"

子上请所习于子思，子思曰[①]："先人有训焉[②]：学必由圣，所以致其材也；砺必由砥，所以致其刃也[③]。故夫子之教，必始于诗书，而终于礼乐，杂说不与焉，又何请！"

注释

①子上：即孔白，子思之子，孔子曾孙，字子上。
②训：教导，教诲。
③砺 lì：磨刀。砥 dǐ：细的磨刀石。

译文

子上向子思请教所学的内容，子思说："先人已经有过训导：学习必须效法圣人，以此来提高自己的才干；刀必须经过磨刀石的砥砺，才能使刀刃变得锋利。所以孔子教育学生，必定会从《诗经》《尚书》开始，而以《礼》《乐》结束，其他杂家学说，是不算在里面的。这样你还有什么好问的呢！"

子思曰："学所以益才也，砺所以致刃也。吾尝幽处而深思，不若学之速①。吾尝岐而望，不若登高之博见②。故顺气而呼，声不加疾而闻者众③。登丘而招，臂不加长而见者远。鸟乘于风，草木乘于时④。是故虽有本性，而加之以学，则无惑矣。"

注释

①幽处：独居。
②岐 qǐ：通"跂"，踮起脚尖。

③气：气息，指风。

④乘 chéng：利用。

译文

　　子思说："学习是为了增加才干，磨刀是为了使刀刃锋利。我曾经一个人独自冥思苦想，却不如学习的成效快。我曾经踮起脚尖远望，却不如登上高处视野开阔。所以顺着风而呼喊，声音并没有加大，但听到的人更多了。爬上山丘向远处招手，手臂并未加长，但更远的人可以看到了。禽鸟的飞翔利用了风，草木的成长利用了时节。所以人虽然有先天的聪慧本性，但如能加上后天的学习，则不会有困惑的事情。"

　　县子问子思曰①："吾闻同声者相求，同志者相好。子之先君见子产时则兄事之，而世谓子产仁爱，夫子圣人，是谓圣道事仁爱也，吾未喻其人之孰先后也，故质于子②。"子思曰："然。子之问也，昔季孙问子游，亦若子之言也③。子游答曰：'以子产之仁爱譬夫子，其犹浸水之与膏雨乎④。'康子曰：'子产死，郑人丈夫舍玦珮，妇女舍珠瑱，巷哭三月，竽瑟不作⑤。夫子之死也，吾未闻鲁人之若是也。其故何哉？'子游曰：'夫浸水之所及也则生，其所不及则死，故民皆知焉。膏雨之所生也，广莫大焉，民之受赐也，普矣,莫识其由来者。上德不德,是以无德。'季孙曰:'善。'"县子曰:"其然。"

注释

①县子:名锁,鲁国人。
②子之先君:指子思的爷爷孔子。子产:即公孙侨,春秋时期郑国执政卿。喻:理解,明白。先后:指孔子和子产谁的历史地位更重要。
③季孙:季康子,鲁国执政大夫。子游:孔子弟子言偃。
④浸水:灌溉之水。膏雨:滋润作物的霖雨。
⑤玦 jué:一种环形有缺口的佩玉。瑱 tiàn:缀珠的耳饰。

译文

县子问于子思道:"我听说志趣相同的人会比较投缘,志向相同的人之间能亲密友好。您先祖孔子见子产时,以兄长之礼对待子产。大家都说子产仁爱,而称孔子为圣人,这就是说圣道侍奉仁爱了,我现在还不明白他们孰先孰后,所以来请教您。"子思回答说:"对啊,你的问题很好。以前季孙氏也问过子游,问题和你是一样的。子游回答说:'以子产的仁爱之惠来和孔子的圣道之教做比较,这不如同用灌溉之水来与及时雨做比较吗?'康子说:'子产去世时,郑人男的不佩玉饰,女的也不戴耳珠，都在小巷中痛哭几个月，音乐等娱乐活动也停止了。而孔子去世时，我尚未听到鲁国人有如此举动，不知是何缘故？'子游这样答道：'灌溉之水浸润作物，灌溉到的作物就能继续生长，灌溉不到的就会枯死，所以民众都知道灌溉之水。而及时雨所滋润生长的生物，范围非常广泛，民众所受恩惠也很普遍，却不知道这是及时雨带来的。具备上德的人不表现为外在的有德，他顺应自然无心作为，看上去就像没有上德一样。'季孙氏说：'说得太好了。'"县子说："事实确实如此。"

子思在鲁，使以书如卫问子上。子上北面再拜，受书伏读①。然后与使者宴，遂为复书。返中庭，北面再拜，以授使者②。既授书，然后退。使者还鲁，问子思曰："吾子堂上南面立，授臣书而不送，何也？"子思曰："拜而不送，敬也。使而送之，宾也。"

注释

①北面：古代尊者面向南面，卑者面向北面。再拜：古代一种隆重的礼节，先后拜两次，表示郑重奉上的意思。

②中庭：古代庙堂前阶下正中部分，为朝会或授爵行礼时臣下站立之处。

译文

子思在鲁国，派人带着信件到卫国去慰问子上。子上面朝北方行再拜礼，恭敬地接受书信伏案阅读。随后宴请使者，并在写好回信后，返回到前阶下正中部分，面朝北方行再拜礼，将信件交给了使者。书信交付后，子上就退回到室内了。使者回到鲁国，问子思道："子上在大堂上非常尊敬地将信件给了我，却不送别，这是为什么？"子思说道："子上作揖拜礼但不送别，是礼敬。假如派人送你，你就是一般的客人了。"

子思贫居，其友有馈之粟者，受一车焉①。或献樽酒束脩，子思弗为当也②。或曰："子取人粟而辞吾酒脯，是辞少而取多也，于义则无名，于分则不全，而子行之，何也？"子思曰："然。伋不幸而贫于财，至于困乏，将恐绝先人之祀。夫所以受粟，为周乏也③。酒脯，所以饮宴也。方乏于食，而乃饮宴，非义也。吾岂以为分哉，度义而行也。"或者担其酒脯以归。

注释

① 粟：小米。
② 束脩：干肉，古代多用于上下亲友间相互酬赠。
　　当：承当、接受。

③周：周济。

译文

　　子思生活贫困时，有朋友给他送来小米，子思接受了一车。又有人给他送来美酒、干肉，子思却不敢接受。送酒肉的人说："您接受了别人的小米而推辞掉我的酒肉，是辞掉少的而收取多的，从道义上说是没有理由的，从名分上说，也是不周全的，但您却这样做了，为什么？"子思说道："是呀，我运气不好而缺少钱财，以至于到了困乏的境地，我担心对先人的祭祀也许都会断绝了。我接受别人的小米，是为了周济困乏。而酒肉，则是用来宴饮的。当缺少粮食时，却要饮酒吃肉，这是不道义的。我怎么会认为是正当的呢？只不过是根据道义行事罢了。"于是这人挑着酒肉回去了。

　　子思居于卫，缊袍无里，二旬而九食①。田子方闻之，使人遗白狐之裘，恐其不受，因谓之曰②："吾假人，遂忘之，吾与人也，如弃之③。"子思辞而不受。子方曰："我有子无，何故不受？"子思曰："伋闻之，妄与如弃物于沟壑。伋虽贫也，不忍以身为沟壑，是以不敢当也。"

注释

①缊 yùn 袍无里：没有里子的旧絮棉袍。
②田子方：名无择，战国时魏国人，曾为魏文侯师。
③假：借。

译文

子思居住在卫国，棉袍破得没有里子，二十天才吃九顿饭。田子方听说后，派人送给他白狐皮服，又担心子思不会接受，便对子思说："我借给他人，总是忘了，我送给他人，就像丢弃了。"子思辞谢而不接受。田子方问道："我有而您没有，为什么不肯接受？"子思说道："我听说，随便给人物品，不如把它当作废弃品丢在山沟丘壑中。我虽然贫穷，但也不忍心把自己当作山沟丘壑，所以不敢接受。"

费子阳谓子思曰①："吾念周室将灭，泣涕不可禁也。"子思曰："然，此亦子之善意也。能以知知可知，而不能以知知未可知，危之道也。今以一人之身忧世不治，而泣涕不禁，是忧河水之浊而泣清之也，其为无益莫大焉。故微子去殷，纪季入齐，良知时也②。唯能不忧世之乱而患身之不治者，可与言道矣。"

注释

①费子阳：鲁国大夫的家臣。

②微子：名启，殷纣王的庶兄。纪季：春秋时纪国国君之弟，封于酅邑。

译文

费子阳对子思说："我一想到周王室即将灭亡，就会忍不住流泪不停。"子思说道："是呀，这是您的好心，能以自己的智慧去推知可能发生的事情，却不能以自己的智慧去推知未来的大事，这是自取危险之道呀。现在以您一人的力量去担忧天下不能得到治理，而伤心落泪不止，这就像担心河水污浊，而哭着希望它能变得清澈一样，其实真的一点用处都没有。所以微子离开殷纣，纪季跑到齐国，这是他们真正了解时势呀。唯有不担心社会动乱，而担心自己修养不够的人，才可以和他谈论大道呀。"

胡母豹第五

胡母豹谓子思曰①:"子好大,世莫能容子也,盍亦随时乎②?"子思曰:"大非所病,所病不大也③。凡所以求容于世,为行道也。毁道以求容,何行焉?大不见容,命也;毁大而求容,罪也。吾弗改矣。"

注释

①胡母豹:一作"胡毋豹",鲁国人。
②子好大:此处的"大",既指子思追求的境界大,也指子思脾气大、架子大。随时:随顺时俗。
③病:担心,忧虑。

译文

胡母豹对子思说:"您喜欢大的东西,但社会却不能容纳您,为何不随顺时俗呢?"子思说:"大并不是问题所在,不够大才是问题所在。凡是寻求为社会所容纳的人,都是为了推行大道吧。毁伤大道以求得社会容纳,那还有什么好推行的呢?大道不被社会接纳,这是天命;毁伤大道来求得社会容纳,这是罪过。我不会改变自己的。"

曾子・子思子

鲁人有公仪休者，砥节励行，乐道好古，恬于荣利，不事诸侯①。子思与之友，穆公因子思欲以为相，谓子思曰："公仪子必辅寡人，三分鲁国而与之一，子其言之。"子思对曰："如君之言，则公仪子愈所以不至也。君若饥渴待贤，纳用其谋，虽蔬食饮水，伋亦愿在下风。今徒以高官厚禄钓饵君子，无信用之意，公仪子之知若鱼鸟可也，不然，则彼将终身不蹤乎君之庭矣②。且臣不佞，又不任为君操竿下钓，以伤守节之士也③。"

注释

① 公仪休：鲁国名臣，又称"公仪子"，与子思同时。砥节励行：磨砺操守和品行。恬：恬淡。
② 蹤 xǐ：踩，踏。
③ 不佞：不才，不敏，古时谦称。

译文

鲁国有个名叫公仪休的人，操守品行非常高尚，乐于道学，喜欢古文化，恬淡于荣誉利禄，不侍奉诸侯。子思和他结交为朋友，鲁穆公想通过子思聘公仪休为相，对子思说："如果公仪休能辅佐我，我就将鲁国三分之一的国土赏赐给他，你去和他说一下。"子思回答道："如果真像您所说的这样，公仪休就更不会来了。君主您如果能如饥似渴地对待贤能之士，采纳推行他们的谋略，即使是粗茶淡饭，我也愿意拜在下风，去游说一番。现在您只是想以高官厚禄作为诱饵来招徕君子，而没有诚意可言，公仪休的智商如果和鱼鸟一般尚还可以，否则，他就会一辈子也不踏入您的朝廷来辅佐您。况且我也没有什么才能，又不想听任自己为您承担操竿下钓的任务，而伤害到坚守节操的士人。"

闾丘温见田氏将必危齐，欲以其邑叛而适鲁[1]。缪公闻之，谓子思曰："子能怀之，则寡人割邑如其邑以偿子[2]。"子思曰："伋虽能之，义所不为也。"公曰："何？"子思对曰："彼为人臣，君将颠，弗能扶而叛之；逆臣制国，弗能以其众死而逃之；此罪诛之人也[3]。伋纵不能讨，而又邀利以召奸，非忍行也。"

注释

[1] 闾丘温：齐国大夫，闾丘为姓。
[2] 怀：安抚。偿：报答，酬报。
[3] 颠：跌倒，覆亡。逆臣：指田氏。制：把持。

译文

齐国大夫闾丘温看到田氏将要危及齐国的统治，便想带着他城邑的族众叛离齐国而投奔鲁国。鲁穆公听说后，对子思说："如果你能安抚闾丘温，使他来投奔鲁国，那我就赏赐你一个和闾丘温现在所掌管的城邑一样大小的城邑来报答你。"子思说："我虽能做到，但道义却告诉我不能这样做。"鲁穆公问道："为什么？"子思对答道："闾丘温作为一个臣子，君主将要覆亡的时候，他非但不能辅佐君王，反而想着要叛离君主；逆臣贼子控制着国家，不能用他的族众以死力争，反而要叛逃他国；这是可以诛杀的罪人。我纵使不能去讨伐他，也不应该为了获得一己私利来招纳这样的奸臣，反正我是不愿意去做的。"

缪公问于子思曰："为旧君反服，古与①？"子思曰："古之君子进人以礼，退人以礼，故有旧君反服之礼也②。今之君子进人若将加诸膝，退人若将坠诸渊。毋为戎首，不亦善乎，又何反服之礼之有③？"

注释

①为旧君反服：大夫离开故国后，为去世的旧日君主服齐衰三个月。

②进：任用。退：罢免。

③戎首：被免职的官员为入侵的外敌做向导攻打故国。

译文

鲁穆公向子思问道:"为故国的旧君主服齐衰三个月,这是古代的礼仪吗?"子思说:"古代君子任用人的时候是按照礼节,罢免人也是按照礼节,所以就有为故国的旧君主服齐衰三个月的礼节了。现在君主想要任用人的时候,简直就像要将别人抱在大腿上般亲热,要罢免人的时候就恨不得将别人推入深渊。这样他所任用和罢免的人如果不做外敌的向导,就已经很不错了,又怎会有为故国的旧君主服齐衰三个月的作法呢?"

子思请行,鲁君曰:"天下主亦犹寡人也,将焉之?"子思对曰:"盖闻君子犹鸟也,骇则举。"鲁君曰:"主不肖,而皆以然也①。违不肖,过不肖,而自以为能论天下之主乎②?凡鸟之举也,去骇从不骇。去骇从不骇,未可知也。去骇从骇,则鸟曷为举矣?"子思之对鲁君也亦过矣。

注释

①不肖:与"贤"对称,不贤。
②违:离开,分别。过:拜访。而:你,你的。
　论:本义是讨论,引申为鉴识。

译文

子思向鲁穆公辞行，鲁穆公说："天下的君主也都像我一样，你又能去哪里呢？"子思回答说："我听说君子就像鸟一样，受到惊吓就飞走。"鲁穆公说："君主没有贤德，现在的普遍情况都是这样啊。离开这个不贤德的君主，又到另一个不贤德的君主那里去，你认为自己能了解天下的君主吗？凡鸟飞走，都是离开受惊吓的地方而到没有惊吓的地方去，但从受惊吓的地方到没有惊吓的地方去，是否能实现却不能知道，如果离开一个惊吓它的地方却飞到另一个会惊吓它的地方，那么鸟还有什么必要飞走呢？"子思那样回答鲁国君主，是不对的。

卫公子交馈马四乘于子思①，曰："交不敢以此求先生之欢，而辱先生之洁也，先生久降于鄙土，盖为宾主之饩焉②。"子思曰："伋寄命以求，度身以服卫之衣，量腹以食卫之粟矣。又且朝夕受酒脯及祭膳之赐，衣食已优，意气已足，以无行志，未敢当车马之贶③。礼虽有爵赐人，而不逾于父兄。今重违公子之盛旨，则有失礼之僭焉，若何④？"公子曰："交已言于君矣。"子思曰："不可。为人子者，三赐不及车马。"公子曰："吾未之闻也，谨受教。"

注释

①四乘：四辆大车，一车四马为一乘。

②饩 xì：馈赠财物。

③膰 fán：古代祭祀用的熟肉。贶 kuàng：赏赐。

④重违：犹难违。盛旨：盛意。僭 jiàn：僭越。

译文

卫公子交赠送给子思车马四乘，说："我不敢以此来求得先生您的欢心，而对先生的高洁有所侮辱，先生您在我们这片土地上居住的时间挺久了，这就算是主人对客人的一点礼物吧。"子思说："我自寄居在卫国以来，根据自身的情况穿着卫国的衣服，吃着卫国的粮食。而且还早晚常常接受酒肉和祭肉的赏赐，衣食条件已经非常优越了，意气也非常自足，已经没有了再出行他国的打算，所以不敢接受您馈赠的车马。礼节规定可以以爵位赏赐别人，但不能逾越父兄的标准。现在我要么有违于公子您的盛意，要么对礼节有所僭越，该怎么办呢？"公子交回答道："我已经和君主说过了。"子思说："这是不行的，作为别人的臣子，赐物再多也不能到车马的程度。"公子交说道："我以前还真没听说过这些，我愿恭谨地接受先生您的教诲。"

公叔木谓申详曰①:"吾于子思亲而敬之,子思未吾察也。"申详以告曰:"人求亲敬于子,子何辱焉?"子思答曰:"义也。"申详曰:"请闻之。"曰:"公叔氏之子,爱人之同己,慢而不知贤。夫其亲敬,非心见吾所可亲敬也,以人口而亲敬吾,则亦以人口而疏慢吾矣。"申详曰:"其不知贤,奈何?"曰:"有龙穆者,徒好饰美辞说,观于坐席,相人眉睫以为之意,天下之浅人也,而公叔子交之。桥子良修实而不修名,为善而不为人知己,不撞不发,如大钟然,天下之深人也,而公叔子与之同邑而弗能知。此其所以为爱同己而不知贤也。"

注释

①公叔木:春秋时卫国人。申详:子张之子。

译文

公叔木对申详说:"我对子思是亲近又敬重的,但子思却没有注意到。"申详将这些话转告给了子思,说:"别人愿意亲近并敬重您,您为什么要辱没别人的一番心意呢?"子思答道:"这是出于道义呀。"申详说:"那请您给我讲讲吧。"子思说:"公叔家的人呀,喜欢的是赞同自己的人,傲慢而且不了解贤能之人。他的亲敬,并不是内心深处真的认为我可以亲敬,是听别人说才亲敬我的,那以后他必然也会因为别人的话而疏远我,对我态度傲慢。"申详说:"说他不了解贤能的人,为什么这样说呢?"子思说:"有一个名叫龙穆的人,只是喜欢玩弄巧辞异说,在座席上,经常观看别人的脸色,并以自己的爱好来判断他人,这其实是一个浅薄的人,但公叔木仍和他交往。桥子良则是一个注重修养美德,而不图虚名,行善但并不是为了让别人知道自己的人,这种人如同钟吕一样,不撞击是不会发声的,这是非常有内涵的人,但公叔木虽和他同住一个城市,却不能知道这个人。这就是为什么说他只喜欢别人赞同自己,而不了解贤能的人吧。"

缪公之于子思也,亟问,亟馈鼎肉①。子思不悦,于卒也,摽使者出诸大门之外,北面稽首再拜而不受②,曰:"今而后知君之犬马畜伋。"盖自是台无馈也③。

注释

①鼎肉:用鼎煮熟的肉食。
②摽 biāo:挥去。
③台:开始。

译文

鲁穆公对子思多次进行问候，并多次赠送肉食给他。子思不高兴，最后，把鲁穆公的使者斥出大门外，再朝北跪下磕头，拱手拜了两拜，却拒绝接受礼物，说：'现在才知道君主是把我当犬马一样畜养的。'从此，鲁穆公才不再给子思胡乱送东西了。

缪公亟见于子思，曰："古千乘之国以友士，何如①？"子思不说，曰："古之人有言曰事之云乎，岂曰友之云乎②？"

注释

①千乘之国：春秋时指中等诸侯国。友士：以待友之道看待贤士。
②事：侍奉，指以弟子之礼侍奉贤士。

译文

鲁穆公几次召见子思，问道："古代中等国家君主以待友之道对待士人，怎么样呢？"子思听了以后不高兴，说道："古人有句话说，要以弟子之礼侍奉士人，哪里说过可以以友对待呢？"

丧服第六

子思曰："丧三日而殡，凡附于身者，必诚必信，勿之有悔焉尔矣[1]。三月而葬，凡附于棺者，必诚必信，勿之有悔焉尔矣[2]。丧三年以为极，亡则弗之忘矣。故君子有终身之忧，而无一朝之患[3]。故忌日不乐[4]。"

注释

①附于身：指入殓时死者所用的衣物。
②附于棺：指随葬的明器。
③一朝之患：坟冢遭雨等灾害而崩毁的忧患。
④忌日：指父母去世的日子。

译文

子思说："人去世三天而殡，凡入殓时所用的衣物，必须诚心实意，精心准备，不要给自己留下什么遗憾。殡三月而葬，随葬的明器必须精心准备，诚心实意，不要给自己留下什么遗憾。服丧三年为最长期限，但对去世的父母却是不能忘怀的。所以君子有着一辈子的哀思，不会让父母的坟冢受到毁坏。每到父母去世的日子不参与吉庆的事情。"

曾子谓子思曰:"伋,吾执亲之丧也,水浆不入于口者七日。"子思曰:"先王之制礼也,过之者俯而就之,不至焉者跂而及之。故君子之执亲之丧也,水浆不入于口者三日,杖而后能起①。"

注释

①杖:丧杖,此处用作动词,指扶丧杖。

译文

曾子对子思说:"子思呀!我执守我父母丧事的时候,七日不曾有任何进食。"子思说:"古代圣明先王制作的礼仪,超出礼仪者稍微迁就,如果达不到礼节的人,稍加努力即可达到。所以君子执守父母丧事的时候,是三天不进浆食,而后扶着丧杖还能站起来。"

子思之母死于卫,柳若谓子思曰①:"子,圣人之后也,四方于子乎观礼,子盍慎诸?"子思曰:"吾何慎哉?吾闻之,有其礼,无其财,君子弗行也;有其礼,有其财,无其时,君子弗行也。吾何慎哉②?"

注释

①子思之母死于卫：子思的生母改嫁并死于其母国卫国。柳若：卫人。

②无其时：不合时宜，指此时母亲已嫁异姓，自己不是丧主。

译文

子思的母亲死于卫国，子思前去奔丧。柳若对子思说："您，是圣人的后人，四方之人都从您这里来观习礼仪，您大概得慎之又慎吧？"子思说："我有什么好谨慎的？我听说过，按礼该做，但财力不足，君子是可以不行礼的。按礼该做，财力也足，但时机不对，君子也是不行礼的。那我有什么可谨慎的呢？"

子思之母死于卫，赴于子思，子思哭于庙门。人至曰："庶民之母死，何为哭于孔氏之庙乎①？"子思曰："吾过矣，吾过矣。"遂哭于他室。

注释

①子思之母改嫁后，即为他姓之家族人，不属于孔氏之人，故不可在孔氏家庙哭丧。

译文

　　子思生母在卫国去世了，有人向子思报丧，子思便在家庙哭起丧来。有人过来说道："庶民家中死了母亲，您为什么要在孔氏家庙哭泣呢？"子思道歉说："我错了，我错了。"于是到其他屋子里去哭丧。

　　子上之母死而不丧，门人问诸子思曰[1]："昔者子之先君子丧出母乎[2]？"曰："然。""子之不使白也丧之，何也？"子思曰："昔者吾先君子无所失，道隆则从而隆，道污则从而污，伋则安能为[3]？伋也妻者是为白也母，不为伋也妻者，是不为白也母。"故孔氏之不丧出母，自子思始也。

注释

　　[1]子上：名白，字子上，孔子曾孙，其母为子思所出（即废除婚姻关系）。
　　[2]子之先君子：指子思的父亲孔鲤，也曾休妻。
　　[3]道隆：礼仪隆重。道污：礼仪简朴。

译文

　　子上被休弃的生母去世了，但子上没有给她服丧，子思的学生向子思问道："以前您的父亲是为被休弃的生母服丧的吗？"子思说："对的。""那您不让子上为其生母服丧，是什么原因呢？"子思说："以前我的父亲没有失礼的地方，按照礼节该隆重的就隆重，该简单的就简单，我怎么能做到这一点呢？我的前妻是子上的生母，但现在已经不是我的妻子了，那她自然也不是子上的母亲了。"所以孔氏家族不再为出母服丧，从子思这里就开始了。

子思居于卫，鲁缪公卒，县子使乎卫，闻丧而服。谓子思曰："子虽未臣，鲁，父母之国也，先君宗庙在焉，奈何无服？"子思曰："吾出爱乎礼不得也。"县子曰："请闻之。"曰："臣而去国，君不扫其宗庙，则不为之服。寓乎是国，而为国服。吾既无列于鲁，而祭在卫，吾何服哉？是寄臣而服所寄之君，则旧君反服，明不二君之义也[①]。"县子曰："善哉！我未之思也。"

注释

① 寄臣：托身他国之臣。不二君：人臣不事二君。

译文

子思居住在卫国，鲁穆公去世，县子正好出使在卫国，听到消息马上穿上丧服。他对子思说："你虽然不是鲁穆公的臣子，但鲁国毕竟是您的父母之国，你先人的宗庙也在鲁国,你怎么可以不穿丧服呢？"子思说:"我是出于对礼的爱护而不能服丧呀。"县子说道:"那还要请您赐教。"子思说道:"做臣子的离开故国，君主若不替他祭扫宗庙,那君主去世后，就不为君主服丧。寄居于他国，则就要为这个国家的君主服丧。我现在既不在鲁国的臣子之列，而且祭祀也在卫国，那我为何要为鲁国君主服丧呢？这就是说寄居于他国的臣子应该为他所寄居国家去世的君主服丧，而不为故国去世的国君反服，这是表明忠臣不事二主的道理呀。"县子听完后说道:"对呀！我还没想到这一层呢。"

曾子曰："小功不为位也者，是委巷之礼也[1]。子思之哭嫂也，为位，妇人倡踊[2]。申祥之哭言思也亦然。"

注释

[1] 小功：丧服名，五服之第四等。为位：按亲疏序列之位而哭。委巷：小巷，借指陋巷的居民，或指微贱不知礼者。
[2] 倡：带头。踊：跳脚。

译文

曾子说:"小功之服,如果不按照亲疏序列进行哭丧,那就是居于陋巷的庶人之礼。子思为其嫂子哭丧,是讲究序列的,由他的妻子先跺脚而哭泣。申祥哭言思这个人,也是有这种讲究的。"

鲁人有同姓死而弗吊者。人曰:"在礼,当免不免,当吊不吊,有司罚之①。如之何子之无吊也?"曰:"吾以其疏远也。"子思闻之曰:"无恩之甚也。昔者季孙问于夫子曰:'百世之中,有绝道乎?'子曰:'系之以姓,义无绝也。故同姓为宗,合族为属,虽国君之尊,不废其亲,所以崇爱也②。是以缀之以食,序列昭穆,万世姻不通,忠笃之道然也③。'"

注释

①免wèn:通"绖",古代一种丧礼,脱帽,以麻束发。
②崇爱:尊崇亲族之情。
③缀:连接,联合。

译文

鲁国有个自己同姓去世而不进行吊唁的人,有人就和他说:"按照礼法,应该行绖礼的不行绖礼,应该吊唁的不吊唁，相关部门要进行惩罚，为什么你还不去吊唁呢？"那人回答道："我认为我和死者的关系太疏远了。"子思听到这番话后，说道："这人真是太刻薄寡恩了。从前，季孙氏问孔子说：'百代之后，有可断绝的同姓血亲关系吗？'孔子回答道：'既然是系于同姓，那从道义上就不该断绝。同姓的人为同一宗族，将宗族联合起来就是同一个种属，即使尊贵如国君，也不能废除断绝这种血亲关系，这是为了表现尊崇亲族吧。所以同姓通过饮食来联合，通过昭穆关系来辨别亲疏关系，即使万代之后也互不通婚，这是忠厚笃实之道呀。'"

　　司徒文子改葬其叔父，问服于子思，子思曰："礼：父母改葬，缌，既葬而除，不忍无服送至亲也[①]。非父母无服，无服则吊服而加麻。"文子曰："丧服既除，然后乃葬，则其服何服？"曰："三年之丧，未葬服不变，除何有焉？期大功之丧，服其所除之服以葬，既葬而除之。其虞也，吉服以行事也。"

注释

①改葬：另择墓地安葬。

译文

　　司徒文子改葬他的叔父，向子思询问服丧的事情。

子思说道："礼教规定：父母改葬，应该穿缌服，葬礼结束后就解除丧服，不忍心不穿孝服就安葬父母吧。不是父母就不穿丧服，如果不穿丧服就应该穿吊丧之服，再披麻就可以了。"文子又问道："丧服已经解除，然后安葬父母，那应该穿何种孝服？"子思答道："为父母守孝三年，没有下葬则丧服不变，有什么丧服可以解除的？服大功之丧，穿着当初服丧的衣服来送葬，安葬完毕即可解除丧服。进行虞祭的时候，穿着吉服行礼就可以。"

卫将军文子之内子死，复者曰[①]："皋媚女复[②]。"子思闻之，曰："此女氏之字，非夫氏之名也，妇人于夫氏以姓氏称，礼也。"

注释

①内子：妻子。复者：招魂者。
②皋 gāo：呼唤声。媚女：文子妻之名。

译文

卫国将军文子的妻子死了，招魂的人大声呼喊："那个媚氏女子回来吧！"子思听后说："这是女子在娘家的名字，而不是夫家的姓氏。妇人出嫁后当以夫家的姓氏来称呼，这是礼。"

鲁缪公第七

鲁缪公问于子思曰:"吾国可兴乎?"子思对曰:"可。"公曰:"为之奈何?"曰:"苟君与大夫慕周公伯禽之治,行其政化,开公家之惠,杜私门之利,结恩百姓,修礼邻国,其兴也勃矣①。"

注释

① 周公:周公旦,鲁国始封君主。伯禽:周公长子,鲁国第一任君主。

译文

鲁穆公问子思道:"我们的国家可以兴盛起来吗?"子思回答道:"可以呀。"鲁穆公又问:"那该怎么做呢?"子思答道:"如果国君您和您的卿大夫能仰慕周公、伯禽他们的治国方针,推行他们的政治教化政策,大开国家惠民之门,杜绝个人的私利,施恩于百姓,以礼结交邻国,那国家兴盛起来是非常快的。"

子思问于仲尼曰:"伋闻夫子之诏,正俗化民之政,莫善于礼乐也①。管子任法以治齐,而天下称仁焉,是法与礼乐异用而同功也,何必但礼乐哉②?"仲尼曰:"尧舜之化,百世不辍,仁义之风远也。管仲任法,身死则法息,严而寡恩也。若管仲之知,足以定法。材非管仲,而专任法,终必乱成矣。"

注释

①诏:告诫。

②管子:管仲,名夷吾,为一代名相,助齐桓公成霸业,桓公尊之为"仲父"。任:采用。但:只,仅仅。

译文

子思问孔子道:"我听到您对我的告诫,匡正民俗、教化民风的政令,没有比礼乐更好的了。管子采用法家思想治理齐国,天下百姓称赞他仁义,这样看来,法律和礼乐运用的方式不一样,但功用目的是一致的,那又何必只仅仅讲礼乐呢?"孔子说道:"尧舜的教化,即使历经上百个时代也不会中止,因为仁义的风气可以流传久远。管仲利用法律治理齐国,他死后法令就中止了,原因就在于对民众严苛而缺少恩惠。像管仲这样的人,他的智慧足以施行法令。假如没有管仲的才智,还想要单靠法律手段治理国家,最终会造成社会大乱的。"

鲁缪公访于子思曰:"寡人不德,嗣先君之业三年矣,未知所以为令名者①。且欲掩先君之恶,以扬先君之善,使谈者有述焉。为之若何?愿先生教之也。"子思对曰:"以伋所闻,舜禹之于其父,非勿欲也,以为私情之细,不如公义之大,故弗敢私之耳。责以虚饰之教,又非伋所得言②。"公曰:"思之可以利民者。"子思曰:"愿有惠百姓之心,则莫如一切除非法之事也。毁不居之室以赐穷民,夺嬖宠之禄以赈困匮,无令人有悲怨,而后世有闻见③。抑亦可乎?"公曰:"诺。"

注释

① 嗣:继承。令名:美名。
② 虚饰:弄虚作假。
③ 嬖 bì 宠:指受君主宠爱的人。

译文

鲁穆公造访于子思,问道:"我没有什么好德行,继承祖业已有多年,还是不知道怎样来获得好的名声。而且我还想掩饰我先祖不好的一面,宣扬先祖好的一面,让喜欢议论的人可以有所称述。该怎么办?还请先生不吝赐教。"子思回答道:"根据我所听说的,尧舜对于他们的父母，并不是没有私情，只是因为在他们看来，私情是非常细小的，不像公义那么重要，所以不敢有所徇私吧。如果责求我弄虚作假，这又不是我所愿意说的。"鲁穆公说："你帮我想想对老百姓有利的办法吧。"子思说："君主您如有施惠百姓之愿望，那就不如摒除一切不合法度的事情。将空房子拿出来给穷困的老百姓住，削夺您宠信的人的爵禄来赈济生活困难的老百姓，不要使人有悲伤怨恨之情，那后世之人对您自然将有所称述。这样也许就可以吧？"鲁穆公答道："好的。"

缪公问于子思曰："立大子有常乎①？"曰："有之，在周公之典。"公曰："昔文王舍適而立其次，微子舍孙而立其弟，是何法也②？"子思对曰："殷人质而尊其尊，故立弟；周人文而亲其亲，故立子；亦各其礼也③。文质不同，其礼则异。文王舍適而立其次，权也④。"曰："苟得行权，岂唯圣人，唯贤与爱立也。"曰："圣人不以权教，故立制垂法，顺之为贵。若必欲犯，何有于异？"公曰："舍贤立圣，舍愚立贤，何如？"曰："唯圣立圣，其文王乎！不及文王者，则各贤其所爱。不殊于適，何以限之？必不能审贤愚之分，请父兄群臣，卜于祖庙，亦权之可也。"

注释

①大子：太子。常：规律，常规。
②文王舍適而立其次：周文王长子为伯邑考，文王立次子姬发为太子。適dí，通"嫡"，嫡子指正妻所生长子。微子舍孙而立其弟：微子启立其弟微仲为嗣君。
③质：质朴。尊其尊：尊重有尊贵地位的人。文：礼乐典章等文饰。亲其亲：亲近与自己血亲关系近的人。
④权：权变。

译文

　　鲁穆公问子思说："立太子有常规吗？"子思说："有的，在周公的典籍中。"穆公问："以前周文王舍弃嫡长子而立次子为太子，微子启不立长孙而立他的弟弟为太子，这是遵循的什么规范呢？"子思回答说："殷商时代的人质朴，尊重地位高的人，所以传位于弟弟；周人文雅，亲近敬爱自己的亲人，所以传位于自己的儿子；这是根据各自的礼法而来。质朴和文雅不同，所以殷和周的礼法也会有所不同。周文王没有立嫡长子而立次子为太子，这是出于权变。"鲁穆公说："如果可以实行权变，难道只有圣人可以吗？贤能之人和自己宠爱之人都可以立为太子了。"子思回答道："圣人不会将权变作为教化手段的，所以建立制度，垂训法则，民众以遵从这些制度法则为要。如果一定要有所违背，那和随意设立制度法则又有什么区别？"鲁穆公又说道："如果舍弃贤能而立圣明者为太子，舍弃愚笨的人而立贤能的人为太子，怎么样？"子思回答道："唯有圣人才能立圣人，这只有周文王能做到吧。那些不如周文王的人，就把自己所宠爱的人当作贤能。如果不把嫡长子和其他人加以区别，怎么能对君主有所限制？如果真的不能区分贤愚，可以咨询父兄辈的人，并到祖庙进行占卜，这也是变通的好办法。"

孟轲问牧民何先，子思曰①："先利之。"曰："君子之所以教民者，亦有仁义而已矣，何必曰利！"子思曰："仁义固所以利之也，上不仁则下不得其所，上不义则下为乱也，此为不利大矣。故《易》曰：'利者，义之和也。'又曰：利用安身，以崇德也。'此皆利之大者也。"

注释

①牧民：治理民众。

译文

孟子问子思治理民众首要的是什么，子思回答道：

"先让民众获得利益。"孟子说:"君子用来教化民众的,已经有仁义之道,还有必要强调利益吗?"子思说道:"仁义之道本来就是一种利益,在上位的人如果没有仁爱之心,那下面的人就无法安生,在上位的如果不讲正义,那下面的人就会作乱,这样坏处就大了。所以《易经》说:'利,是各有各的归宿,和谐不乱。'又说:'利其用而安其身,就可以使自己的德行更加崇高。'这些讲的都是大利益呀。"

申详问曰:"殷人自契至汤而王,周人自弃至武王而王,同嘗之后也,周人追王大王、王季、文王,而殷人独否,何也①?"子思曰:"文质之异也②。周人之所追大王,王迹起焉③。"又曰:"文王受命,断虞芮之讼,伐崇邦,退夷狄④。追王大王、王季,何也?"子思曰:"狄人攻,大王召耆老而问焉,曰⑤:'狄人何来?'耆老曰:'欲得菽粟财货。'大王曰:'与之。'与之至无,而狄人不止。大王又问耆老曰:'狄人何欲?'耆老曰:'欲土地。'大王曰:'与之。'耆老曰:'君不为社稷乎?'大王曰:'社稷所以为民也,不可以所为亡民也。'耆老曰:'君纵不为社稷,不为宗庙乎?'大王曰:'宗庙者私也,不可以吾私害民。'遂杖策而去,过梁山,止乎岐山之下⑥。豳民之束修奔而从之者三十余乘,一止而成三十乘之邑。此王道之端也，成王于是追而王之。王季其子也，承其业，广其基焉，虽同追王，不亦可乎？"

注释

①契：殷人始祖。弃：即后稷，周人始祖。喾kù，帝喾，五帝之一。

②文质之异：殷人尚质，不重虚名，而周人尚文，重视礼节名分。

③追：追祭，上溯以往。

④断虞、芮ruì之讼：相传虞、芮两国有人曾因争地兴讼，求西伯姬昌平断。虞、芮，皆周初邦国名。伐崇邦：崇国是殷末一个侯国，亲近殷商。

⑤耆qí老：六十为耆，此处泛指老年人。

⑥杖策：鞭打。策，马鞭。

译文

申详问道："殷人从先祖契到汤而称王天下，周人则从弃到周武王而称王天下，他们都是帝喾的后裔。周人追祭太王、王季、周文王为王，而殷人却没有，这是什么原因？"子思说道："这是文雅和质朴的区别。周人所追祭的太王，正是周朝王迹初步兴起之时。"申详又问道："周文王接受天命，决断虞、芮两个国家的诉讼，讨伐崇国，击退夷狄。而追祭太王，让王季为王，是什么原因呢？"子思说道："狄人攻打周地，太王召集族老进行商议，问道：'狄人为什么来攻打我们呢？'族老说：'是想得到粮食财物吧。'太王说：'那就给他们吧。'粮食财物都给完了，但狄人还是来攻打不停。太王又召集族老进行商议，问道：'狄人攻打我们还想要获得什么？'族老说：'是想得到土地吧。'太王说：'那就给他们吧。'族老说：'难道您不要江山社稷了吗？'太王说：'社稷本身是为保护人民的，不能因社稷反而牺牲人民。'族老又说：'您即使不为社稷着想，难道不考虑自己的宗庙祭祀吗？'太王说道：'宗庙祭祀这是我个人的事务，不能因为个人事务来伤害人民。'于是策马而去，翻过梁山，在岐山脚下安顿下来。豳地的老百姓自带粮食跟随而来的有三十余乘车马之多，安顿下来就形成一个拥有三十余乘的小城邑。这是周代王道的基业，所以周成王对太王以祭王之礼进行追祭。王季则是太王的儿子，继承了太王的基业，并拓展了这个基业，把他一起以祭王之礼进行追祭，不也可以吗？"

　　羊客问子思曰："古之帝王中分天下，使二公治之，谓之二伯①。周自后稷封为王者，后子孙据国，至大王、王季、文王，此固世为诸侯矣，焉得为西伯乎？"子思曰："吾闻诸子夏，殷王帝乙之时，季以功九命作伯，受珪瓒秬鬯之赐②。故文王因之得专征伐，以此诸侯为伯，犹周召之君为伯也③。"

注释

①伯 bà：通"霸"，诸侯领袖。
②帝乙：殷商末期君主，殷纣王之父。九命：又称"九锡"，指天子赐给有特殊功勋的诸侯、大臣的九种器物。珪 guī：玉制礼器，王侯典礼所用。瓒 zàn：祭祀舀酒用的玉勺。秬鬯 jù chàng：古代用黑黍和郁金草酿成的酒，供祭祀及赏赐用。
③周召 shào 之君为伯：西周初年，周公与召公分陕而治。

译文

羊客向子思问道："古代帝王将天下从中分为两部分，派两位公侯进行统帅，称为二伯。周是从后稷被封为王的，他的后世子孙因此据有这个封地，直到太王、王季、周文王，这时他们世世代代都是诸侯，怎么会成为西伯的呢？"子思说："我从子夏那里听说，在商代帝乙的时候，王季因功勋卓著而受封为伯，并接受商王的圭瓒秬鬯的赏赐。所以周文王具有征伐诸侯的权力，这就是以诸侯为伯，就像周初的周公、召公为诸侯之伯一样吧。"

子思游齐，陈庄伯与登泰山而观，见古天子巡守之铭焉①。陈子曰："我生独不及帝王封禅之世②。"子思曰："子不欲尔。今周室卑微，诸侯无霸，假以齐之众率邻国以辅文武子孙之有德者，则齐桓晋文之事不足言也。"陈子曰："非不说斯道，力不堪也。子圣人之后，吾愿有闻焉，敢问昔圣帝明王巡守之礼，可得闻乎？"子思曰："凡求闻者，为求行之也。今子自计必不能行，欲闻何焉？"陈子曰："吾虽不敏，亦乐先王之道，于子何病而不吾告也？"子思乃告之曰："古者天子将巡守，必先告于祖祢，命史告群庙及社稷圻内名山大川，告者七日而徧。亲告用牲，史告用币。申命冢宰而后道而出，或以迁庙之主行载乎齐车，每舍奠焉③。及所经五岳四渎，皆有牲币④。岁二月，东巡守，至于岱宗，柴于上帝，望秩于山川，所过诸侯各待于境，天子先问百年者所在，而亲见之⑤。然后觐方岳之诸侯，有功德者则发爵赐服，以顺阳义；无功者则削黜贬退，以顺阴义⑥。命史采民诗谣以观其风；命市纳贾，察民之所好所恶以知志；命典礼正制度，均量衡，考衣服之等，协时月日星辰⑦。入其疆，土地荒芜，遗老失贤，掊克在位，则其君免⑧。山川社稷有不亲举者，则贬秩削土；土荒民游为无教，无教者则君退；民淫僭上为无法，无法者则君罪。入其疆，土地垦辟，养老尊贤，俊杰在位，则君有庆。遂南巡，五月至于南岳；又西巡，八月至于西岳；又北巡，十有一月至于北岳；

其礼皆如岱宗。归反舍于外次,三日齐,亲告于祖祢,用特,命有司告群庙社稷及圻内名山大川,而后入听朝⑨。此古者明王巡守之礼也。"陈子曰:"诸侯朝于天子,盟会霸主,则亦告山川宗庙乎?"子思曰:"告哉!"陈子曰:"王者巡守,不及四岳;诸侯会盟,不越邻国;斯其礼何以异乎?"子思曰:"天子封圻千里,公侯百里,伯七十里,子男五十里,虞、夏、殷、周之常制也。其或出此封者,则其礼与巡守朝会无变。其不越于封境,虽行,如在国。"陈子曰:"旨哉⑩!古之义也。吾今而后知不学者浅之为人也。"

注释

①陈庄伯:即田庄子,齐国执政大夫。巡守:通"巡狩",即古代天子巡察各地。铭:刻在器物、碑碣上的文字。

②封禅:古代帝王祭祀天地的典礼。在泰山顶上筑坛祭天,称之为封;在泰山南梁父山辟场祭地,称之为禅。

③宰:宰相。道:祭祀道路之神。迁庙之主:临时迁出祖庙的祖宗神主灵位。齐zhāi车:即斋车。舍:住进馆舍。

④五岳:指东岳泰山、西岳华山、南岳天柱山(后为衡山)、北岳恒山、中岳嵩山。四渎:江、河、淮、济。

⑤岱宗：泰山。柴：燔柴，指烧柴祭天。望：祭祀山川之神。

⑥方岳：此处指东方疆域。以顺阳义：在阴阳学说中，赏赐为阳，惩罚为阴。削黜贬退：削减土地，降低或罢免爵位。

⑦典礼：掌管礼乐的官员。正：校正。均量衡：统一测定长短、轻重、容量的计量工具。考衣服之等：根据爵位高低来考定衣服的等级。协时月日星辰：协调四季历法与日月星辰运行的关系，使诸侯历法与天子的相同。

⑧掊：搜刮，聚敛。

⑨反：返回。次：临时驻扎和住宿。特：公牛。

⑩旨：美好。

译文

　　子思游历到了齐国，陈庄伯和他一起登临泰山进行观赏。看到古代天子巡狩时留下的铭刻文字。陈庄伯感叹道："我怎么没有出生在帝王封禅的那个年代呢？"子思说道："只是您不想而已。现如今周王室卑下微弱，诸侯之间没有霸主，假如以齐国之富强，率领其他邻国来辅佐周文王、周武王后世子孙中有德行的后人，那么齐桓公、晋文公的霸业不在话下。"陈庄伯说道："不是我不乐于诸侯霸主事业，只是能力有限呀。你是圣人的后代，我愿意听听你的想法，敢问以前圣帝明王进行巡狩的事情，可以说说吗？"子思答道："凡是想有所了解的人，一般就是想践行它。既然您现在认为自己没有能力去实现封禅，那您还听这些干什么呢？"陈庄伯说道："我虽然愚笨，但也爱好先王之道，你是责怪我什么而不告诉我呢？"子思这才告诉他说："古代天子将要巡狩的时候，必须先要告祭祖宗之庙，命令掌管祭祀的官吏告祭其他各庙以及名山大川，七天之内告祭结束。天子主持告祭用牲畜，相关官吏主持告祭用丝织品。天子在巡狩出发前，会申诫冢宰祭祀相关道路之神灵，然后出发开始巡狩。也有将祖先的牌位移到斋车上而随同巡狩的。而且每当到一个馆舍都要进行祭奠。到达五岳和四河时，告祭都用牲畜和丝织品。从当年二月开始，往东方巡狩，到达东岳泰山，在山上焚柴祭天，并按次序望祭山川河流。路经各国，诸侯都要在本境候命。天子会先问当地长老的居处并亲自接见，然后接受诸侯的觐见，有功德的则加封爵位，赐予衣服，以顺应阳义；无功德的则削减土地，降低或罢免爵位，以顺应阴义。天子命令史官采集民间诗歌民谣，来考察当地民风；命令集市进纳当地的物价记录，来看民众喜好和厌恶的分别是什么，来了解民众的志趣；命令典礼官完善相关礼制，统一度量衡，考订衣服等次，用日月星辰的运行来协调天子和诸侯之间的四季历法关系。如果天子进入的国境，土地荒芜，老人遭到遗弃，贤能不被任用，在位者搜括民财，那么就罢免这国的国君；如果国君不亲自祭祀辖境内的名山大川和社稷之神，那么就贬低爵位，削减土地；国境内土地荒芜，民众四处游手好闲，一派没有教化的样子，这样的诸侯国，国君就应该贬退；民众放纵恣肆，以下犯上，一派没有法度的样子，国君就应当受到惩处。如果天子进入的国境，土地得到开辟垦种，老人得到赡养，贤德之人得到尊敬，豪杰俊士得到任用，那么天子则应有所赏赐。东巡结束后，当年五月南巡至南岳衡山，八月西巡至西岳华山，十一月北巡至北岳恒山。相关礼仪和巡狩泰山一样。天子结束巡狩，返回都城。临时驻扎住宿，斋戒三天后，天子主祭祖庙，禀告巡狩相关情况，并用公牛进行祭祀。随后命令相关部门及官员主持祭祀，遍告宗庙、社稷之神及域内名山大川，随后入朝听政。这就是古代圣明帝王巡狩时所用的礼节法度。"陈庄伯问道："诸侯朝见天子，或参加霸主召集的会盟，也要告祭山川宗庙吗？"子思答道："要告祭的。"陈庄伯说道："天子巡狩封禅，没有走遍四岳，诸侯之间的会盟，没有越过邻国国境，那这些礼仪法度会有所变化吗？"子思说道："天子疆界方圆千里，公爵、侯爵疆界方圆百里，伯爵疆界方圆七十里，子爵、男爵疆界方圆五十里，这是虞、夏、殷、周各个朝代通行的制度。或许也有超出这种分封规格的，但天子巡狩和朝会的礼仪法度则是不会变化的。对于不越过封境的朝会，就是前往参加，那也和在自己的国境是一样的。"陈庄伯感叹道："古代的巡狩朝会的礼仪法度真是太美好了。

我从现在开始知道了，不常学习的人，该有多么肤浅。"

齐王谓子思曰："今天下扰扰，诸侯无霸①。吾国大人众，图帝何如？"子思对曰："不可也，君不能去贪利之心。"曰："何如？"曰："夫水之性清，而土壤汩之；人之性安，而嗜欲乱之②。故能有天下者，必无以天下为者也；能有名誉者，必无以名誉为者也。达此，则其利心外矣③。"

注释

① 扰扰：纷乱。
② 汩 gǔ：搅浑。
③ 外：在……之外，抛弃。

译文

齐王对子思说："现在天下纷扰，诸侯之间没有霸主。我们齐国国家强大而人口众多，如果图谋帝业怎么样？"子思回答道："不行呀，君主您还不能去除贪求利欲之心。"齐王说："这话从何讲起？"子思说道："水性本来是清澈的，但土壤却使它混浊；人性本来是安静的，但奢欲贪利之心使他纷乱。所以能够占有天下的人，必先不以图谋天下为出发点；能够获得名誉的人，也不是以追求虚名为出发点。到了这一步，自然就能抛弃贪利之心了。"

齐王戮其民不辜，谓子思曰："吾知其不辜，而适触吾忿，故戮之，以为不足伤义也。"子思对曰："文王葬朽骨而天下知仁，商纣斫朝涉而天下知暴。夫义者，不必偏利天下也；暴者，不必尽虐海内也；以其所施而观其意，民乃去就焉。今君因心之忿，迁怒不辜，以为无伤于义，此非臣之所敢知也。"王曰："寡人实过，乃今闻命，请改之。"

译文

齐王杀了一个无辜的百姓，过后对子思说："我知道他是无辜的，但那时碰巧我在气头上，所以就杀了他，我当时是想这个是不足以伤毁道义的。"子思对齐王说道："当年周文王埋葬腐烂的骨头，天下人都知道他是个仁义之君，商朝的纣王砍了早晨过河人的脚，天下人都知道他是个暴戾之君。所谓仁义，并不是一定要普遍施惠于天下的；暴戾，也不是一定要遍施暴虐于四海之内的，天下人都是通过他的所作所为来观察他的意志，而选择拥戴还是背叛。现在君主您因为自己一时的愤怒，就迁怒于无辜百姓，还自以为不会毁伤道义，这还真不是我做臣子的所能理解的。"齐王说道："我确实有过错，现在才听到您的教诲，我以后改正吧。"

任贤第八

子思问于仲尼曰:"为人君者,莫不知任贤之逸也,而不能用贤,何故①?"仲尼曰:"非不欲也,所以官人失能者,由于不明也②。其君以誉为赏,以毁为罚,贤者不居焉。"

注释

①逸:超越,出众。
②官人:任命官员。明:英明,明智。

译文

子思问仲尼道:"作为君主,没有不知道应该任用才华出众的贤能之士的,但不能够做到,这是为什么?"孔子说道:"不是他们不想,是他们没有能力任命官员,因为他们不够英明。这些君主以他人的称誉作为奖励的依据,以他人的诋毁作为惩罚的依据,这样贤能之士是不会出来任职的。"

卫君曰:"夫道大而难明,非吾所能也①。今欲学术何如?"子思对曰:"君无然也。体道者逸而不穷,任术者劳而无功。古之笃道君子,生不足以喜之，利何足以动之？死不足以禁之，害何足以惧之？故明于死生之分，通于利害之变，虽以天下易其胫毛，无所概于志矣②。是以与圣人居，使穷士忘其贫贱，使王公简其富贵③。君无然也。"卫君曰："善"。

注释

①道：思想学说、理论。术：具体的技艺、方法。
②胫 jìng 毛：小腿毛。概：变易。
③穷士：士之不得志者。简：捐弃。

译文

卫君说："道博大而难以明了，不是我能力所及的。如今我想学习具体的'术'怎么样？"子思回答说："君主您最好不要那样。体悟大道的人，安逸而获利无穷，任用权术的人则劳苦没有功效。古代笃守于道的君子，生不能让他感觉到高兴，那物利又怎么能让他动心？死不能对他有所禁止，那常人的祸害怎么能让他恐惧？所以明达于生死的区别，通晓于利害的变化，即使用天下换取他小腿上的一根毫毛，也不会改变他的志向。所以和圣人居处在一起，能让穷贱之士忘怀他的贫贱，能让王公贵族抛弃他的富贵。"卫君说："好极了！"

卫君言计是非，而群臣和者如出一口。子思曰："以吾观卫，所谓君不君、臣不臣者也。"公丘懿子曰[①]："何乃若是？"子思曰："人主自臧则众谋不进，事是而臧之，犹却众谋，况和非以长恶乎[②]？夫不察事之是非，而说人赞己，暗莫甚焉；不度理之所在，而阿谀求容，谄莫甚焉。君暗臣谄，以居百姓之上，民弗与也。若此不已，国无类矣[③]。"子思谓卫君曰："君之国事将日非矣。"君曰："何故？"对曰："有由然焉[④]。君出言皆自以为是，而卿大夫莫敢矫其非。卿大夫出言亦皆自以为是，而士庶人莫敢矫其非。君臣既自贤矣，而臣下同声贤之。贤之则顺而有福，矫之则逆而有祸。故使如此，如此则善安从生？《诗》云：'具曰予圣，谁知乌之雌雄？'抑似卫之君臣乎？"

注释

① 公丘懿子：卫国大夫。
② 自臧：自以为是。臧，善。却：拒绝。
③ 国无类：疑为"国无祭"，国无祭即国将灭亡。
④ 由然：原委，来由。

译文

卫君发表言论，讨论是非，他的臣子们不管对错都异口同声地附和。子思说:"我看卫国,就是君主不像君主,臣子不像臣子。"公丘懿子问道:"为什么这样说呢?"子思说道:"如果君主自以为是,那么众位臣子的谋议就听不进去,如果君主做的事情是对的,而因此自以为是,那还会失掉臣子的建议,何况群臣都附和他错的地方,而助长了君主的恶呢?如果不细察事情本身的是非曲直,而只是喜欢别人赞同自己,那就是昏暗不明的。不推敲失礼之所在,而一味阿谀奉承来求得君主的容纳,没有比这个更谄媚的。君主昏庸,臣子谄媚,这样一群人凌驾于百姓之上,老百姓肯定不干的,如果长久如此,那么国家恐怕是要灭亡的。"子思对卫君说道:"您的国家政事恐怕要江河日下了。"卫君问道:"什么原因?"子思回答道:"这是有原因的,君主您所说出的言语都自认为是对的,而卿大夫等身边的大臣又不敢矫正您不对的地方。卿大夫所说出的言语都自认为是对的,而士人和庶民又不敢矫正他们不对的地方。君主和大臣都认为自己很能干,而他们的臣下部属又异口同声赞颂他们的贤能。吹捧君主上司贤明能干就能和顺获得福气,而矫正君主上司过失的则因有所违逆而遭遇祸害。如果一直这样,那良善从哪里产生呢?《诗经·小雅·正月》里面说道:'都说自己最圣明,乌鸦雌雄谁分清?'说得很像卫国的君臣吧。"

卫君问子思曰："寡人之政何如？"答曰："无非。"君曰："寡人不知其不肖，亦望其如此也。"子思对曰："希旨容媚，则君亲之①。中正弼非，则君疏之②。夫能使人富贵贫贱者，君也。在朝之士孰肯舍其所以见亲而取所以见疏乎？是故竞求射君之心，而莫有非君之非者，此臣所谓无非也③。"卫君曰："然乎？寡人之过也，今知改矣。"子思对曰："君弗能焉，口顺而心不怿者，临其事必疣④。君虽有命，臣弗敢受也。"

注释

①希旨：琢磨并迎合主上的意图。容媚：奉承谄媚。
②弼：辅正，纠正。
③射：猜测。
④怿 yì：高兴。疣 yóu：过失，错误。

译文

　　卫君问子思道："你觉得卫国的政治情况如何？"子思答道："没有过失吧。"卫君说道："我不知道哪些人是不好的，但还是希望国家政治清平呀。"子思回答道："每天迎合主上的意图，奉承谄媚的，君主您就会亲近他们；而品行中正，帮助君主您改正过失的，您就会疏远他们。能决定一个人富贵贫贱的人，是君主。这样，为官在朝的这些人谁会舍弃被君主亲近的机会，而选择让君主疏远自己呢？所以大家都竞相揣度君主的心意，而没有敢于匡正君主过失的人，这就是我说的没有过失。"卫君说道："是这样的吗？我错了，现在知道了，要改进。"子思说道："君主您是做不到的，嘴上答应但心里不舒服，碰到有事时肯定会有过失的。即使您要匡正自己的过失，臣下也不敢当真。"

子思自齐反卫，卫君馆而问曰①："先生鲁国之士，然不以卫之褊小，犹步玉趾而慰存之，愿有赐于寡人也②。"子思对曰："臣羁旅于此，而辱君之威尊亟临筚门，其荣多矣③。欲报君以财帛，则君之府藏已盈，而伋又贫；欲报君以善言，则未合君志，而徒言不听也。顾未有可以报君者，唯达贤耳④。"曰："贤固寡人之所愿也。"曰："未审君之愿将何以？"曰："必用以治政。"曰："君弗能也。"曰："何故？"曰："卫国非无贤才之士，而君未有善政，是贤才不见用故也。"曰："虽然，愿闻先生所以为贤者。"曰："君将以名取士耶？以实取士耶？"曰："必以实。"曰："卫之东境有李音者，贤而有实者也。"曰："其父祖何也？"曰："世农夫也。"卫君乃胡卢大笑曰⑤："寡人不好农夫之子，无所用之。且世臣之子，未悉官之⑥。"子思曰："臣称李音，称其贤才也。周公大圣，康叔大贤，今鲁卫之君未必皆同祖考⑦。李音父祖虽善农，则音未必与之同也。君言世臣之子未悉官之，则臣所谓有贤才而不见用，果信矣！臣之问君，固疑君取士不以实也。今君不问李音之所以为贤才，而闻其世农夫，因笑而不爱，则君取士果信名而不由实者也。"卫君屈而无辞。

注释

①馆：此处用作动词，亲自到旅馆。
②褊小：狭小，不宽广。玉趾：对人脚步的敬称。慰存：慰问。
③羁旅：寄居异乡。筚bì门：用竹子、树枝、荆条编织的门，常指房屋简陋破旧。
④达：致，举荐。
⑤胡卢：拟声词，形容大笑。
⑥世臣之子：世代为官之家的子弟。
⑦周公：鲁国始封之君。康叔：卫国始封之君。祖考：亡故的祖先。

译文

子思从齐国返回到卫国，卫国国君亲自到旅馆表示慰问，说："先生是鲁国知名人士，但不认为卫国地域狭小，屈尊光临我国，希望先生对我有所赐教。"子思回答道："我现在寄居此地，辱没您的威严和尊贵，您几次光临寒舍，已经是让我十分荣耀的事情了。想回报君主您以财货，您的府库已经很充盈了，而且我又很贫穷；又想回报君主您以良善之言，但恐未合您的心意，而且说了您也不一定接受。想想还真没有可以报答君主您的，现在看来只有举荐贤才吧。"卫君说道："贤才本来就是我想要的呀。"子思问道："不清楚君主您将如何使用贤才？"卫君说道："一定会用来治理国家。"子思说："您做不到的。"卫君问道："为什么？"子思回答道："卫国并不是缺少贤才，而是君主您没有好的政令呀，所以贤才并未为您所用吧。"卫君说道："即使这样，我还是想听听先生认为的贤才是谁。"子思问道："君主您是将以虚名取用士人？还是以实干能力取用士人？"卫君答道："肯定以实干能力。"子思说："卫国东部边境有个叫李音的人，贤能而兼具实干能力。"卫君问道："他的父辈、祖辈是做什么的？"子思说："世代务农。"卫君听了失声大笑，说道："我不喜欢农民的儿子，这些人派不上用场的。况且现在世家后代，还没有完全安排好呢。"子思说道："我推荐李音，是推荐他的贤才。周公是大圣人，康叔是大贤人，可如今鲁国、卫国的君主未必就和他们的祖先一样圣贤。李音的父辈、祖辈虽然都是务农的，那李音也未必和他们一样。君主您说世家之子尚且还未全部安排，那么我说的贤才之士不被任用，是真的。我当时问您的时候，本来就担心您取用士人不以实干能力。现在君主您不问李音的实干能力表现在什么地方,而听到他家世代务农,便笑话他而不亲近他,那君主您取用士人果真是以虚名而不是以实干能力了。"卫君理屈而无话可说。

缪公问子思曰:"吾闻庞拦氏子不孝,其行何如?"子思对曰:"臣闻明君之政,尊贤以崇德,举善以劝民①。四封之内,孰敢不化②?若夫过行,是细人之所识,不治其本而问其过,臣不知所以也③。"公曰:"善。"

注释

①举:举用,表彰。
②四封:四方边境。
③过行:过失行为。细人:见识短浅之人。

译文

鲁穆公问子思道:"我听说庞拦氏的子孙不孝顺,他们到底做了什么?"子思回答道:"我听说圣明君主治理国家,尊重贤能来表示崇尚美德,表彰善人来劝勉民众。封域之内,没有不被感化的人。关注别人的过失行为,这是市井民夫的见识做法,不去治理国家大事,而询问百姓的小过失,我不知道该如何回答您。"

鲁穆公说道:"您说得对呀。"

子思居卫,言苟变于卫君曰①:"其才可将五百乘,君任军旅,率得此人,则无敌于天下矣②。"卫君曰:"吾知其才可将,然变也尝为吏,赋于民而食人二鸡子,以故弗用也③。"子思曰:"夫圣人之官人,犹大匠之用木也,取其所长,弃其所短④。故杞梓连抱而有数尺之朽,良工不弃,何也?知其所妨者细也,卒成不訾之器⑤。今君处战国之世,选爪牙之士,而以二卵弃干城之将,此不可使闻于邻国者也⑥。"卫君再拜曰:"谨受教矣。"

注释

①苟变:卫国人。
②率:统率。
③赋:征收赋税。鸡子:鸡蛋。
④官人:授人官职。
⑤不訾:无可挑剔。訾,诋毁,批评。
⑥爪牙:本义指兽类的脚爪和牙齿,用来比喻国家的重臣,为褒义词。干城之将:捍卫国家的大将。

译文

子思在卫国的时候,给卫君举荐苟变,说道:"这个人的才干可以带兵五百乘，君主您如果任用人才率兵打仗，能用此人做统帅，那君主您就天下无敌了。"卫君说道："其实我也知道苟变是个将才，但他在做小吏的时候，去征收赋税时曾白吃过别人的两个鸡蛋，所以我不敢任用他了。"子思说道："圣人授人官职，就像高明的木匠取用木材，用长处而规避短处。即使可以几人合抱的杞梓之木，也有几尺是腐烂掉的，但高明的工匠是不会因此舍弃它的，为什么呢？因为他们知道几尺的腐烂妨害小，不影响树木制作成很好的器具。现在君主您身处战国纷乱的时代，应该选拔得力的干将，但仅仅因为两个鸡蛋就舍弃了捍卫国家的干将，这种事情可不能让邻国知道了。"卫君拜了两拜，说道："谨受您的教诲。"

　　子思在齐。齐尹文子生子不类，怒而杖之①。告子思曰："此非吾子也，吾妻殆不妇，吾将黜之②。"子思曰："若子之言，则尧舜之妃复可疑也。此二帝圣者之英，而丹朱、商均不及匹夫③。以是推之，岂可类乎？然举其多者，有此父斯有此子，人道之常也。若夫贤父之有愚子，此由天道自然，非子之妻之罪也。"尹文子曰："先生止之，愿无言，文留妻矣。"

注释

①尹文子：齐大夫，与宋钘、彭蒙、田骈同学于公孙龙，著书一篇名《尹文子》。不类：即不肖之子。

②殆不妇：恐怕不是好女人。黜chù：废黜，指休弃。

③丹朱、商均不及匹夫：丹朱是尧之子，商均是舜之子，据古籍记载，丹朱、商均都是不肖之子。

译文

子思在齐国的时候，齐人尹文子有个儿子，相貌举止不像他，尹文子非常生气，拿棍子打这个孩子。并告诉子思说："这个肯定不是我的亲生儿子，一定是我的妻子不守妇道，我要休了她。"子思说道："像您这样说，那么尧和舜的妻子更为可疑了，这两位帝王，都是圣人中的圣人，但他们的儿子丹朱、商均却连一般人都不如。按照您的推断，他们之间有相似的情况吗？就大部分情况来说，是有其父必有其子，这是人道常理。如果父亲能干，而孩子愚笨，这是天道自然的结果，不是您妻子的罪过。"尹文子说道："先生您不用再说了，我收回我的话，留下我的妻子。"

卫公子交见于子思曰："先生圣人之后，执清高之操，天下之君子莫不服先生之大名也。交虽不敏，窃慕下风，愿师先生之行，幸顾恤之①。"子思曰："公子不宜也。夫清高之节，不以私自累，不以利烦意，择天下之至道，行天下之正路。今公子绍康叔之绪，处战伐之世，当务收英雄，保其疆土，非其所以明臧否、立规检、修匹夫行之时也②。"

注释

① 下风：比喻处于下位。顾恤：顾念怜悯。
② 绍：继承。绪：未竟的事业。

译文

卫国公子交拜见子思，说道："先生您是圣人的后代，坚守高尚的节操，普天下的君子都很服膺您。我虽然愚钝，但还是私慕您的，希望能师从于您，请您怜悯体恤我。"子思说道："公子您是不适合这么做的。所谓清高的节操，不能为私心拖累，不能被物利所烦恼，选择天下的至道，行走天下的正路。现在公子您继承了康叔未竟之事业，又身处战乱时代，最要紧的是积聚天下英雄，保卫国家疆土，还不是辨别是非善恶、制定规矩法度，如一般人来修养身心的时候。"

齐王谓子思曰："先生名高于海内，吐言则天下之士莫不属耳目①。今寡人欲相梁起，起也名少，愿先生谈说之也②。"子思对曰:"天下之士所以属耳目者,以伋之言,是非当也。今君使伋虚谈于起,则天下之士改耳目矣。耳目既改,又无益于起,是两有丧也③。故不敢承命。"曰:"起之不善,何也?"曰:"君岂未之知乎?厚于财物,必薄于德,自然之道也。今起以贪成富闻于诸侯,而无救施之惠焉;以好色闻于齐国,而无男女之别焉。有一于此,犹受其咎,而起二之,能无累乎?"王曰:"寡人之言实过,愿先生赦焉。"

注释

①属耳目:注意听,注意看。
②名少:名气小。谈说:议论,此处指宣扬。
③两有丧:指对梁起和子思双方都没有好处。

译文

齐王对子思说:"先生名望传于四海之内,有所言论则天下士人都会认真聆听,认真学习。现在我想让梁起担任相国,但梁起的名气小,希望先生您对外宣扬宣扬他吧。"子思说:"天下士人之所以比较关注我的言论,是因为我的话明辨是非,公允得当。现在君主您却要我凭空替梁起宣扬,那天下的士人就不再关注我了。既然天下士人都不关注我了,这对梁起没有好处,对我自然也没有好处,这是两伤的局面呀。所以我不敢接受您的指令。"齐王问道:"梁起这个人不好吗?表现在哪些地方?"子思说道:"君主您难道还不知道吗?爱好财物,那就必然鄙薄于道德,这是很自然的道理。现在梁起是以贪婪敛财而闻名于天下诸侯的,却没有施惠他人的善行。以贪恋美色闻名于齐国,违背男女有别的礼法。贪财、爱色这两条,只要有一条就可以惹来灾祸,而梁起则两者兼而有之,能不受此拖累吗?"齐王说道:"我的话确实错了,希望先生原谅。"

过齐第九

子思适齐，齐君之嬖臣美须眉立侧，齐君指之而笑，且言曰①："假貌可相易，寡人不惜此之须眉于先生也。"子思曰："非所愿也，所愿者唯君修礼义，富百姓，而伋得寄帑于君之境内，从襁负之列，其荣多矣②。若无此须鬣，非伋所病也③。昔尧身修十尺，眉乃八彩，圣；舜身修八尺有奇，面颡无毛，亦圣；禹汤文武及周公，勤思劳体，或折臂望视，或秃骭背偻，亦圣；不以须眉美鬣为称也④。人之贤圣在德，岂在貌乎？且吾先君生无须眉，而天下王侯不损其敬。由是言之，伋徒患德之不绍，不病毛须之不茂也。"

注释

①嬖臣：宠臣。美须眉：长有漂亮的眉毛胡须，即美髯公。

②帑 nú：通"孥"，妻子儿女。襁 qiǎng：婴儿的被子或宽布带。

③须鬣 liè：胡须。

④望视：定睛仰视。秃骭 gàn：胫毛脱落。背偻：驼背。

译文

　　子思前往齐国，一个须发俊美的宠臣站立在国君身边，齐国国君指着那个宠臣笑着说："如果相貌是可以相互交换的，我不惜把这个人的俊美容貌给先生您。"子思说道："这个不是我想要的，我所想的唯有国君能修行礼仪，让百姓富裕起来，我也能将妻子儿女寄寓在您的国家。参与到那些拖儿带女到齐国来的人的行列，那我就很荣幸了。即使没有这样英俊的容貌我也不担忧。以前尧帝身高十尺，眉毛有八种颜色，这是圣人的形象；舜帝身高八尺有余，但面部没有须发，也是圣人的形象；夏禹、商汤、周文王、周武王以及周公旦，他们勤于思虑，形体劳顿，有的胳膊折了，眼睛要仰视，有的小腿无毛、弯腰驼背，这些人都是圣人的形象，他们并不是以相貌俊美而获得圣人的名号。人是否圣明贤能在于德行如何，和相貌有关系吗？而且我的祖父孔子生来就没有须眉，但天下王侯却没有因此降低对他的尊崇。由此，在我看来，我担忧的是品德是否美好，而不是担心须发是否茂盛。"

　　鲁缪公谓子思："县子言子之为善，不欲人誉己，信乎？"子思对曰："非臣之情也。臣之修善，欲人知之，知之而誉臣，是臣之为善有劝也，此所愿而不可得者也。若臣之修善而人莫知，则必毁臣，是臣之为善而受毁也，此臣之所不愿而不可避也。若夫鸡鸣而起，孜孜以至夜半，而曰不欲人之知，恐人之誉己，臣以谓斯人也者，非虚则愚也。"

译文

鲁穆公对子思说："县子说你有了善行，但并不想着让人来赞誉自己，是真的吗？"子思回答道："这不是我的本意。我从事于善，是想让人知道的，人们知道后，对我有所赞誉，那我从事于善就得到了激励，这是我希望却没有实现的。如果我从事于善而没有一个人知道，那么必定有人会诋毁我，那就是我从事于善反而要受人诋毁了，这是我不想但又回避不了的。如果鸡鸣即起，孜孜不倦地从事于善到半夜，却说不想让人了解知道，怕别人赞誉自己，我觉得这样的人呀，不是虚伪就是愚笨。"

子思见老莱子，老莱子曰[①]："若子事君，将何以为乎？"子思曰："顺吾性情，以道辅之，无死亡焉[②]。"老莱子曰："不可。顺子之性也，子性唯太刚而傲，不肖，又且无所死亡，非人臣也。"子思曰："不肖，故为人之所傲也。夫事君，道行言听，则何所死亡？道不行，言不听，则亦不能事君，所谓无死亡也。"老莱子曰:"子不见夫齿乎?齿坚刚,卒尽相摩。舌柔顺,终以不弊。"子思曰:"吾不为舌,故不能事君。"

注释

①老莱子:春秋晚期楚国人,早期道家代表人物。
②无死亡:无死亡危险。

译文

　　子思见老莱子,老莱子问道:"如果让你去侍奉君主,你将怎么办?"子思说道:"顺应我自己的性情,用道义辅佐君主,让自己平安无虞。"老莱子说:"不可以顺着你的性情呀,如果那样,你的性情过于刚烈而自傲,不像个做臣子的样子,而且你还有让自己平安无虞的想法,这些都是做臣子所不该有的。"子思说道:"我不像个人臣的样子,是我骄傲的原因。侍奉君主,如果国家大道畅行,君主能言听计从,那怎么不能让自己平安无虞呢?大道不畅行,自己的谏言君主不接受,那就不能侍奉君主了,也可以让自己平安无虞。"老莱子说道:"你没有注意到牙齿吗?牙齿坚硬刚强,最终因相互摩擦而消耗殆尽。舌头则因非常柔顺,所以一直不会有什么损伤。"子思说道:"我不能像舌头那样,所以我就无法侍奉君主了。"

曾申谓子思曰："屈己以伸道乎，抗志以贫贱乎？"子思曰："道伸，吾所愿也。今天下王侯，其孰能哉？与屈己以富贵，不若抗志以贫贱。屈己则制于人，抗志则不愧于道。"

译文

曾申对子思说："您是愿意委屈自己来求得道义的伸张，还是坚守志节而甘守贫贱呢？"子思说："伸张道义，是我的希望。但现在的王侯，又有谁能做到呢？与其委屈自己来求得富贵，不若坚守志节而甘守贫贱。委屈自己则将受制于人，坚守志节将无愧于道义。"

子思居卫，卫人钓于河，得鳏鱼焉，其大盈车①。子思问之曰："鳏鱼之难得者也，子如何得之？"对曰："吾始下钓，垂一魴之饵，鳏过弗视②。更以豕之半体，则吞之矣。"子思喟然叹曰："鳏虽难得，贪以死饵；士虽怀道，贪以死禄矣。"

注释

①鳏：鱼名，即鳏鲲。
②魴fáng：鳊鱼的古称。

译文

　　子思留居卫国时,有个卫国人在黄河边钓鱼,钓到一条鳏鱼,此鱼大到能装满一整辆车。子思问他道:"鳏鱼是非常难以捕获的,你是怎么钓到的?"那人回答道:"我开始钓鱼的时候,放了一条鲂鱼做诱饵,鳏鱼经过视而不见。换了半只小猪,鳏鱼就上钩了。"子思感叹道:"鳏鱼虽然很难捕获,但因贪图鱼饵而死亡。士人虽然胸怀治道,但因贪图爵禄而死亡。"

　　子思谓子上曰:"有可以为公侯之尊而富贵,人众不与焉者,非唯志乎?成其志者,非唯无欲乎?夫锦绘纷华,所服不过温体;三牲太牢,所食不过充腹;知以身取节者,则知足矣①。苟知足,则不累志矣。"

注释

　　①锦绘huì纷华:文采华丽纷繁。锦绘,即色彩艳丽的织锦。三牲太牢:古时祭祀用的供品,分大三牲牛、猪、羊和小三牲鸡、鸭、鱼两种,牛、羊、猪三牲都具备叫作太牢。取节:取给。

译文

子思对他的儿子子上说道:"可以具有公侯一样的尊贵地位而且享有荣华富贵,但有人却不想获得,难道这不是因为志向的原因吗?实现自己的志向,不就是要无所欲求吗?那些文采华丽纷繁的衣服,穿起来还是为了保暖身体;像太牢一样丰厚的食物,吃起来也是为了填饱肚子;只以自己的实际需求来满足自我生活,那就很容易知足。如果知足了,就不会因贪欲而拖累志向的实现了。"

孟轲问子思曰:"尧舜文武之道,可力而致乎?"子思曰:"彼,人也;我,人也。称其言,履其行,夜思之,昼行之,滋滋焉,汲汲焉,如农之赴时,商之趋利,恶有不至者乎①?"

注释

①滋滋:勤奋不懈,勤勉。汲汲:形容急切追求的样子。赴时:赶节令。恶 wū:哪里,怎么。

译文

孟子问子思道:"尧、舜二帝,周文王、周武王所推行的治国之道,可以通过努力来实现吗?"子思说:"他们那些圣人是人，我们也是人。称述他们的治国，践行他们的德行，晚上思考他们的治国之道，白天践行他们的治国之道，勤奋不懈，努力追求，就像农民赶赴农时，商人追求利润一样，哪里还有不能实现的？"

子思谓孟轲曰："自大而不修，其所以大不大矣；自异而不修，其所以异不异矣①。故君子高其行，则人莫能阶也；远其志，则人莫能及也②。礼接于人，人不敢慢；辞交于人，人不敢侮。其唯高远乎？"

注释

①自大：自负，夸大自己。
②阶：动词，拾阶而上。

译文

子思对孟子说："自大的人如不修养身心，那他自认为的大就不大了；自以为异于他人而不修养身心，那他自以为异于他人之处，其实就与他人没有什么两样。所以君子能提升自己的德行，这是人们赶不上的；志向之远大，也是人们赶不上的。以礼结交他人，他人自不敢怠慢他；以善言和别人交谈，别人也不敢侮辱他，这大概就是志存高远的原因吧。"

子思年十六适宋，宋大夫乐朔与之言学焉。朔曰："《尚书》虞、夏数四篇，善也①。下此以讫于《秦》《费》，效尧舜之言耳，殊不如也。"子思曰："事变有极，正自当耳。假令周公尧舜更时易处，其书同矣。"乐朔曰："凡书之作，欲以谕民也，简易为上，而乃故作难知之辞，不以繁乎？"子思曰："《书》之意兼复深奥，训诂成义，古人所以为典雅也②。昔鲁委巷亦有似君之言者，伋闻之曰：'道为知者传，苟非其人，道不传矣。'今君何似之甚也。"乐朔不说而退曰："孺子辱吾。"其徒曰："此虽以宋为旧，然世有雠焉，请攻之。"遂围子思。宋君闻之，驾而救子思。子思既免，曰："文王厄于羑里，作《周易》；祖君屈于陈、蔡，作《春秋》③。吾困于宋，可无作乎？"

注释

① 虞、夏：《尚书》分为虞书、夏书、商书、周书四个部分，此处即指虞书、夏书。

② 兼复：指包含多重含义。

③ 羑yǒu里：古地名，相传为周文王姬昌被囚禁之地，在今河南省汤阴县北。

译文

　　子思十六岁时到了宋国，宋大夫乐朔和他一起谈论学问。乐朔说道："《尚书》中的虞书、夏书的四篇是不错的。下面直到《秦誓》《费誓》等篇，都是效仿尧、舜的话语，根本比不上虞书、夏书。"子思说道："事物变化是有规律的，只看他们是否适当吧。假如周公旦和尧舜二帝互换生活的时代，那他们的著述自然就可以相同了。"乐朔说道："所有著述的创作，都是为了晓谕民众，以简洁易懂为至高原则，而现在《尚书》却故意弄些难懂的言辞，不是故作烦琐吗？"子思说道："《尚书》的含义深奥复杂，通过训诂才能更好地理解当中的大义，古人追求的就是这种典雅不浅俗。以前鲁国僻陋小巷里的人中，有和您一样说法的人，我回答他说：'大道是为智者传授的，如果不是智者，大道肯定就传授不了。'现在您的情况和这个也十分相似。"乐朔非常不高兴地离去了，说道："小毛孩也敢欺辱我。"他的徒众说道："子思虽然是我们宋国的后裔，但也曾和宋人有仇，请准许我们去教训他。"于是将子思包围了起来。宋国的君主听说了，驾车前往救助子思。子思脱险后，说道："周文王困厄在羑里时，编写了《周易》，孔子有困顿在陈蔡两国的经历，而编著了《春秋》。如今我被困于宋国，难道不应该有所述作吗？"

缪公谓子思曰："子之书所记夫子之言，或者以为子之辞乎？"子思曰："臣所记臣祖之言，或亲闻之者，有闻之于人者，虽非正其辞，然犹不失其意焉。且君之所疑者何？"公曰："于事无非。"子思曰："无非所以得臣祖之意也，就如君言以为臣之辞无非，则亦所宜贵矣。事既不然，又何疑焉？"

译文

鲁穆公对子思说："你的书是记载孔子言论的，那为什么还有人认为就是你自己的言论呢？"子思回答道："我所记录的孔子言论，有我亲耳听到的，也有从别人那里听来的，虽然不一定是孔子的原话，但应该不会偏离他老人家的原意太远。君主您的疑问是什么呢？"鲁穆公说道："这些言论对事物缺少批判思想。"子思说道："没有批判正是孔子的本意，就像君主您认为我的言论缺少批判一样，应该是非常宝贵的呀。实情既然不是这样的，又有什么好怀疑的呢？"

县子问子思曰："颜回问为邦，夫子曰：'行夏之时[①]。'若是，殷周异正为非乎[②]？"子思曰："夏数得天，尧舜之所同也③。殷周之王，征伐革命以应乎天，因改正朔，若云天时之改尔，故不相因也④。夫受禅于人者则袭其统，受命于天者则革之，所以神其事，如天道之变然也。三统之义，夏得其正，是以夫子云⑤。"

注释

①夏之时：亦称"夏时"，指采用夏朝的历法。
②殷周异正：夏、商、周三正不同，夏历以正月为岁首，殷历以十二月为岁首，周历以十一月为岁首。
③夏数：夏历。
④革命：改变天命。正朔：一年第一天开始的时候。
⑤三统：夏商周的正朔。

译文

县子问子思道："颜回向孔子询问如何治理邦国，孔子说：'用夏代的历法。'如果是这样的话，殷、周和夏朝不同，那它们就错了吗？"子思说道："夏代的历法是得自于上天，与尧舜所用的历法是一样的。殷、周两代的圣王，是顺应上天通过征伐来变革天命，因此就革新了历法。如果说天时都变了，那就不能再继承前代的历法了。通过禅让获得王位的会因袭前代的历法传统，王位受之于天的则要对历法进行变革，这是用来神化其以征伐革命获得王位的实情，就像天道也会发生变化一样。夏商周三代的正朔,夏代是最正宗的,所以孔子会那么说。"

孟轲尚幼,请见子思,子思见之,甚说其志,命白侍坐焉,礼甚敬崇,子上不愿也。客退,子上请曰:"白闻士无介不见,女无媒不嫁①。孟孺子无介而见,大人说而敬之,白也未喻,敢问。"子思曰:"然。吾昔从夫子于郯,遇程子于途,倾盖而语,终日而别,命子路将束帛赠焉,以其道同于君子也②。今孟子车孺子也,言称尧舜,性乐仁义,世所希有也③。事之犹可,况加敬乎!非尔所及也。"

注释

①介:介绍人,介绍。
②倾盖而语:两人途中相遇,停车交谈,车盖靠在一起,形容一见如故或偶然的接触。
③子车:孟子的字。

译文

孟子年少的时候,求见子思,子思见了他之后,非常欣赏孟子的志趣,让他的儿子子上一同陪坐,礼敬有加,子上心里不高兴。在客人离开后,子上请教子思说:"我听说士人求见,没有介绍人是不见的,女子没有媒人是不能出嫁的。姓孟的小孩子没有介绍人就来见面，而父亲大人您还非常高兴见他，对他还礼敬有加，我怎么也不明白，向您请教。"子思说道："是的，以前我和孔子一起前往郯地，半路遇上了一个姓程的人，孔子和他停车交谈，两人谈了一天才惜别，孔子还让子路把一束帛赠给他，这是因为他认为两人志同道合。现在孟轲还是个小孩，但他出言必称述尧舜，喜爱仁义，这种人是世间少有的。跟他学习都可以，何况只是对他加以礼敬呢！这些不是你现在所能知道的。"

子思子曰："终身为车，无一尺之轮，则不可驰。"

译文

　　子思子说："终生制造车子，但车子如果连直径一尺的车轮都没有，就无法驾驰行走。"

子思子曰："繁于乐者重于忧，厚于义者薄于财。"

译文

　　子思子说："忙于享乐的人必定忧患不断，重视仁义的人必定鄙薄钱财。"

子思子曰:"慈父能食子,不能使知味;圣人能悦人,不能使人必悦。"

译文

子思子说:"慈爱的父母能喂养他们的子女,却不能让他们的孩子懂得什么是真正的美味;圣人能让别人心悦诚服,却不能保证让每个人都心悦诚服。"

子思子曰:"言而信,信在言前;令而化,化在令外。圣人在上,而迁其化。"

译文

子思子说:"想要自己的言谈有诚信,那么诚信应该在言谈之前就有所建树;想要政令颁布就能发挥教化作用,教化的作用却取决于政令之外的东西。所以圣人虽身处民众之上,但民众会因感念而受到他的教化。"

子思子曰:"君,本也;臣,枝叶也。本美则末茂,本枯则叶凋。君子不以所能者病人,不以人之不能者愧人。"

译文

　　子思子说:"君主就像树根、树干,臣子就像树枝、树叶。根干长得好,枝叶才长得茂盛,根干如果都干枯了,则枝叶自然凋零。君子不会以自己的才能来讥讽别人,也不会拿别人不具备的才能来羞辱别人。"

　　子思子曰:"见长不能屈其色,见贵不能尽其辞,非也。"

译文

　　子思子说:"进见师长没有露出恭敬的脸色,进见贵人没有把话全部说尽,这些都是不对的。"

　　缪公欲相子思,子思不愿,将去鲁。鲁君曰:"天下之王亦犹寡人也,去将安之?"子思答曰:"盖闻君子犹鸟也,疑之则举①。今君既疑矣,又以己限天下之君,臣切为言之迂也。"

注释

　　①疑之:怀疑不安全。举:飞走。

译文

鲁穆公想聘子思为相,子思不愿意接受,将要离开鲁国。鲁穆公说:"天下的诸侯也都像我一样,你离开鲁国又将去哪里呢?"子思回答道:"我曾听说君子就像禽鸟一样,当他被人怀疑时,则举翅飞走。现在您已经对我有所怀疑,又拿自己来判定天下诸侯,我个人以为您的话是迂阔而又糊涂的。"

图书在版编目（CIP）数据

曾子·子思子译注 / 杨秀礼译注．—上海：上海三联书店，2014.1
 ISBN 978-7-5426-4432-9
 Ⅰ.①曾… Ⅱ.①杨… Ⅲ.①儒家②《曾子》－注释③《曾子》－译文④《子思子》－注释⑤《子思子》－译文
Ⅳ.①B222

中国版本图书馆CIP数据核字（2013）第253061号

曾子·子思子译注

译　　注 / 杨秀礼
责任编辑 / 陈启甸　王倩怡
特约编辑 / 刘文硕
装帧设计 / Metis 灵动视线
监　　制 / 吴昊
出版发行 / 上海三联书店
　　　　　（201199）中国上海市都市路4855号2座10楼
　　　　　http://www.sjpc1932.com
邮购电话 / 021-24175971
印　　刷 / 北京凯达印务有限公司
版　　次 / 2014年1月第1版
印　　次 / 2014年1月第1次印刷
开　　本 / 960×640　1/16
字　　数 / 108千字
印　　张 / 18.25

ISBN 978-7-5426-4432-9/G·1197
定　价：35.80元